「いい加減」なのに毎日トクしている人
「いい人」なのに毎日ソンしている人

川北義則

PHP文庫

○本表紙図柄＝ロゼッタ・ストーン（大英博物館蔵）
○本表紙デザイン＋紋章＝上田晃郷

はじめに

生きるのが上手な人と下手な人がいる。要領のいい人と悪い人かもしれない。いつも真面目に一生懸命努力しているのに、なぜか報われない。そんな人がいるかと思えば、一方で適当に手抜きをしながらも優雅に生きている人もいる。世の中、不公平なのである。

その不公平をおかしいと思うのが、生きるのが下手な人なのだ。一方、生きるのが上手な人は、不公平が当たり前だと思っている。

努力すればいつかは報われる、というのは嘘なのだろうか。答えは「報われることもあれば、報われないこともある」が正解だろう。

概して、生きるのが下手な人は真面目である。正直である。だから何事にも正面からぶつかってコツコツと努力をする。

だが、世の中には正面からぶつかって、一つ一つコツコツと砕いていったほうがいいときと、タイミングを見計らって側面から一気に斬り込んだほうがいいときがある。たえずコツコツと力を入れるより、ふだんは何もしないで力をためておき、一気に攻撃に移ったほうがいいときもあるのだ。臨機応変、そのときどきによってやり方を変えなければならないことが世の中には多い。いつも真面目にコツコツやるだけで成功するとはかぎらないのである。


生きるのが下手な人は、正直なだけに常識人でもある。だから、まずその常識の殻を破っていかないと生き方上手にはなれない。

「手の抜き方を覚えよ」「もっといい加減に生きよ」「欠点なんか直すな」——などなど、本書で私が主張している生き方は、真面目な常識人から見れば、そんなバカなと驚かれる事柄ばかりだろう。

だが、要領よく手の抜き方を覚えれば、それほどいつも肩に力を入れて生きていかなくてもすむようになる。生きるのが楽になる。

いつもいつも全力投球では、精神的にも肉体的にもくたびれてしまうからやめたほうがいい。どこかで要領よく手を抜くコツを覚えなければ、この長い人生、やっていけないのである。

手を抜くことが何か悪いことをしていると思っているうちはまだまだ。最初は無理かもしれないが、少しずつでも手を抜いて、もっと「いい加減」に生きてみるよう心がけたらどうか。

そうすれば、あなたの生き方は少し変わってくるはずだ。そして、周囲のあなたを見る目、接する態度が少しずつでも変わってくればしめたもの。あなたに新しい人生が開けはじめたのである。

この本の中で私は最初から終わりまで、何らかの形であなたに役立つことを述べたつもりはない。

だが、そのうちのいくつかは「うん、なるほどそうか」とか「そういわれればたしかに……」などと相槌《あいづち》を打ってもらえることがあるはず。

充実した人生であるかどうかは、長生きするかどうかの問題ではない。あなた自身が愉《たの》しく、密度の濃い人生を送れたかどうかである。
本書が、そのためのヒントになれば幸いである。

川北義則

「いい加減」なのに毎日トクしている人
「いい人」なのに毎日ソンしている人

目次

第1章 「いい加減」なのに、人が集まってくる人 「いい人」なのに、なぜか人望がない人
――生き方上手になれる「人づきあいのコツ」

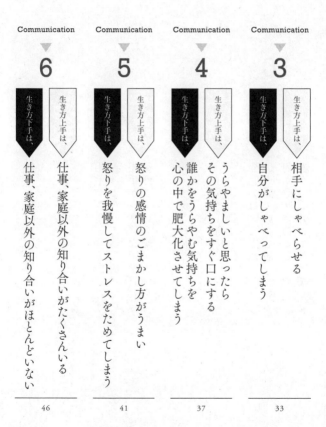

第3章
実力はそこそこでも、伸びていく人 実力はあるのに、なぜか伸び悩む人
――生き方上手になれる「自信とセルフイメージの法則」

第4章

軽々とやっているのに、結果を出す人 がんばっているのに、結果が出ない人

——生き方上手になれる「努力と成功の法則」

第5章 逆境でも、毎日ワクワク生きている人 順風でも、毎日ビクビク生きている人

——生き方上手になれる「逆境・スランプ克服術」

第6章
どんな状況でも、愉しく生きられる人 恵まれた境遇でも、毎日がつまらない人
——生き方上手になれる「人生・愉しみの見つけ方」

Pleasures of Life

49

生き方上手は、

退屈な時間をあえてつくって心のクリーニングをする

生き方下手は、

退屈な時間を恐れてスケジュールを詰め込む

224

Pleasures of Life

50

生き方上手は、

人生のそのときどきのプロセスを愉しむ

生き方下手は、

人生のゴールを意識しすぎてプロセスを愉しめない

228

第1章

生き方上手になれる「人づきあいのコツ」

「いい加減」なのに、人が集まってくる人
「いい人」なのに、なぜか人望がない人

Communication

Communication

1

生き方上手は、

ちょっとダメなところがあり
親しみを感じさせる

生き方下手は、

非の打ちどころがなく
息が詰まる

たしかにいっていることは正論かもしれないが、どうも親しめないというタイプがいる。

　歴史上の人物でいえば、イギリス清教徒革命のオリバー・クロムウェル、フランス革命時の恐怖政治家ロベスピエールなどである。

　クロムウェルは国民を虐《しいた》げた王政を打倒したまではよかったが、いざ自分の治世になると、あまりに厳格すぎたため、「王様の時代のほうがよかった」などと、国民から嫌われた。

　ロベスピエールも秩序と正義の人だったが、頑《かたくな》に法律を守って大勢の人間を処刑し、最後に自分も処刑されてしまった。

　どうやら人間というのは、厳格すぎる精神や頑な態度というものが苦手らしい。それより少しいい加減で、ときにはささいな悪さもするような人間のほうに親しみを感じる。つまり自分と同じような人間が好きなのである。

　ある男性の話。

　その人は妻のつくる雑煮が大好きだった。単身赴任しているとき、妻と同じ方法でつくってみたが、ダシがどうしても同じ味にならない。妻の作り方は鰹節《かつおぶし》と昆布を使った正統派だが、自分にも調理の心得はある。だが、何度試みても同じ味にならない。思い余って妻に電話をしてみた。

すると、妻は意外なことを告げたのだ。

「そのやり方でいいんだけど、最後にほんのちょっと市販のダシの素を使うのよ」

妻の料理はいっさい手抜きなしと信じていた男性は驚いたが、その通りにやってみると、妻の味と同じものができたという。

たぶんその奥さんは、市販のダシなど使わなくても、その味を出すことができるのだろう。ただ、それにはかなり手数がかかるに違いない。そこまでするのはこだわりすぎだと、あえて手を抜いたのだ。だからこそ、男性は食べたいときに好きな雑煮を食べられたのだ。このような適切な手抜きがいい。

同じことは人づきあいについてもいえる。

妥協を許さない、例外はいっさい認めない、約束を違《たが》えるのは悪だといわれれば、「その通りだ」といわざるをえない。だが、**人間はどこかでいい加減な部分を持たないと、息が詰まってしまう。**

とてつもなく有能でテキパキしていて、一分《いちぶ》のスキもないような人物がいるが、そういう人物に出会うと、たしかに一種の爽快感がある。カッコいいとさえ思う。だが、そういう感情は長続きしない。そのうちに窮屈でウンザリして疲れる。なぜかと考えると、心のスキ間というものがないからだ。だから、こちらを不快にするわけでもないのに、酸素不足のように息苦しくなってくる。俗にエリートと呼ばれる人種に多い。

人間はいい加減なもので、してはいけないとわかっていても、ときには約束を破ったり、手を抜いたり、嘘をついたり、浪費したりする。そういうことが全然感じられない人間は、どこか堅苦しくて近寄りがたい。どんなに偉くても、友達になりたいとは思わない。なぜなら、こちらの人生をふくよかにしてくれそうもないからだ。

勤勉の代表者である二宮尊徳《にのみやそんとく》（金次郎）も、とんでもない浪費をしたり、カッコとして仕事を放り出し雲がくれしたりしたことがある。凡人のわれわれはスキ間だらけの人間である。

作詞家・小説家のなかにし礼さんが、歌謡曲の詞と小説の文章を比較して「歌謡曲の詞はスキ間をたくさんつくっておくのがコツ」といっていたことがある。「なるほど」と思った。感動のある人生はやっぱりスキ間だらけなのだ。

生き方上手になるために

勤勉で優秀な人ほどスキ間をつくる

Communication

2

生き方上手は、

「いい加減な奴だ」と思われている

生き方下手は、

「いい人だ」と思われている

生真面目な人のほうがガンになりやすいといわれる。

とくに他人に気を使うタイプ、周囲から「いい人」とほめられるような人間ほどガンで倒れることが多い。

なぜ、いい人がガンになるのか。ストレスが発散できないからなのだそうだ。ラベリング効果というのがある。「あの人はああいう人だ」と人からレッテルを貼られると、当人は無意識にそのレッテルに沿った行動をするようになるという。

いい人のレッテルを貼られたら、その人はいい人を演じ続けなければならない。そんな気がしてくる。

もちろん、その人がいい人柄だから、そういうレッテルを貼られるのだが、人間、そういつもいつもいい人ばかりではいられない。ときには「バカやろう、ふざけるんじゃない!」と怒鳴りたいときもあるだろう。それが人間だ。

ふつうの人はこの程度の落差を表に出すが、いい人の中にはじっと我慢してしまう人もいる。そうするとストレスが蓄積する。ストレスが蓄積すると、体内では体に悪いストレスホルモンが分泌される。最近そういうことがわかってきた。

また、活性酸素という、遺伝子や細胞を傷つける物質が生成される。そのためにガンが発生しやすくなることが明らかになっている。

ここから、人生を愉しく生きる一つのコツがわかる。つまり、あまりいい人になってはいけないということだ。

といって悪い人になるわけにもいかない。私は第三の選択肢として「いい加減」というスタイルを目指すべきだと思う。

いい加減というのは、ほめ言葉ではないが、風呂に入って「湯加減はどうですか」「ちょうどいい加減です」という用例もあるように、必ずしも悪い意味ばかりではない。人から「あいつはいい加減な奴だ」といわれるような人間なのに、つきあっていて愉しいのは、**「いい加減」には、他人を楽にさせる何かがあるか**らだ。

相手があまりに理路整然、きちんとしているとこちらも構えざるをえない。といってお互いに構えてばかりいると、疲れてくる。どこから見てもいい人だが、あまりつきあいたくない人というのは、いい加減さがない人なのである。

「彼らは嘘《うそ》をつきっぱなしについた。／彼らは吉凶につけて花を飾った。／彼ら

はよく小鳥を飼った。／彼らは約束の時間にしばしば遅れた。／そして彼らはよく笑った」（三島由紀夫『美しい星』新潮文庫）

地球人の特性をうまくいい当てている。

いい加減さがあるから人間は愛らしいのである。いい加減さがないと、人生を愉しむ機会は、永遠にやってこないかもしれない。

生き方上手になるために

「いい人」になりすぎない

Communication 3

生き方上手は、

相手にしゃべらせる

生き方下手は、

自分がしゃべってしまう

「人に好かれるにはたった一つのことを実行すればよい。それは相手の話をよく聞いてやることだ」（戸田智弘『ものの見方が変わる　座右の寓話』ディスカヴァー・トゥエンティワン）

十九世紀イギリスの大政治家ベンジャミン・ディズレーリはこういっている。ディズレーリはとくに女性に評判がよかったから、女性の心をつかみたいと思っている男性に、この言葉は大いに参考になるだろう。

ディズレーリがいかに女性にモテたか。これには愉快なエピソードがある。四、五人の女性が集まって政治家の品定めをしていた。一人が「ディズレーリとグラッドストンの両方からプロポーズされたら、どっちを選ぶ？」と聞いた。ウイリアム・グラッドストンはディズレーリのライバル政治家である。「ディズレーリに決まってるじゃない」。みんなが口を揃えたが、一人だけ、「私はグラッドストン」といった女性がいた。「エッ、またどうして？」「私はね、グラッドストンと結婚してからディズレーリの元へ走ってやる」。

ディズレーリは単に女性に人気があっただけではない。それを自分の人生に最大限に利用したことで知られている。彼は上流階級の未亡人のあと押しで政治家になった。また、ヴィクトリア女王の覚えがめでたかったことが宰相としての彼の地位を安定させた。俗ないい方をすれば、著名な政治家でこれだけ女を利用した男はいない。その彼がいう「人に好かれる秘訣」だけに重みがある。

どんな実力者でも人から好かれなければ、よいチャンスには恵まれない。といって単に人に好かれようと、みえみえのお世辞をいうわけにもいかない。それに比べて、「人の話をよく聞く」というのは、なかなかよい方法ではないだろうか。

セールスパーソンの世界では「成績を上げたかったらお客の話をよく聞くこと」と教えているし、銀座のクラブのナンバーワンホステスは、美貌を売り物にしていない。客の話をよく聞く女性である。

医者でも名医と呼ばれる人は、例外なく聞き上手である。「どうしました？」と呼び水の一言。あとは「うん、うん」と聞くだけ聞いて薬を渡すだけ。これで名医になれるとは医者も楽なもの、と思ってはいけない。名医になるほど聞く効用を知って実践しているからである。経験の足りない医者ほど、自ら講釈をならべてむずかしい顔をするから、かえって病気が重くなる。

易者も同様。聞き上手のところへは人が群がる。

『人を動かす』という名著を書いたデール・カーネギーは、人を説得する重要な原則として「相手にしゃべらせる」ことを挙げている（『人を動かす』山口博訳、創元社）。

「相手がいいたいことをまだ持っている限り、こちらが何をいってもむだだ」

しゃべらせるとは、すなわち聞くことである。どうやって相手の心をつかもうかとあれこれ悩むことはない。ただひたすら聞いてやればいい。聞き上手に徹することである。

こんな簡単なことで人生は変わってくる。自分は人から好かれないタイプだと思っている人は、試してみてはいかがだろうか。

生き方上手になるために

ひたすら相手の話を聞く

Communication 4

生き方上手は、

うらやましいと思ったら
その気持ちをすぐ口にする

生き方下手は、

誰かをうらやむ気持ちを
心の中で肥大化させてしまう

生きていくうえで、大きな障害になるのが、自分と比べて他人をうらやましがるクセだ。この気持ちが過度な人は、人生を愉しめないし、やることもうまくいかない。自分にこのクセがあると思う人は、早い時期に直さないと、先が思いやられる。

遠くギリシャの悲劇詩人アイスキュロスはこういっている。

「嫉妬《しっと》心を少しも持たず、友人の成功を喜ぶ強い性格の持ち主は皆無《かいむ》である」

友人の成功を自分のことのように喜ぶ、という気持ちは誰にでもある。だが、心の奥底に妬《ねた》みの気持ちがゼロということはまずない。それくらい人間は嫉妬や羨望《せんぼう》の気持ちが強いのである。

だが、一方でこういう見方もある。

「才能と意志の欠けているところに、一番嫉妬が生ずる」

これはスイスの哲学者カール・ヒルティの言葉だが、才能のある人や自信家はそんなに人をうらやましがらない。「人は人、自分は自分」と割り切って、平気でいられるのである。

嫉妬や羨望にとらわれないためには、才能の持ち主や自信家になってしまえばいいのだが、こればかりは「じゃあ、なります」といって、そう簡単になれるものではない。では、どうしたらいいか。

それには、イギリスの詩人・劇作家ジョン・ゲイの次の言葉が参考になるだろう（『ベガーズ・オペラ』）。

「嫉妬は称賛の一種です」

称賛の一種なのだから、「称賛そのもの」にしてしまえばいいのだ。

つまり、相手を全面的に認めてしまうこと。「この人すごいな」「よくやったな」と思ったら、率直に「すごいね」「よくやったね」と表明してしまう。ここで大切なことは「躊躇《ちゅうちょ》しないこと」だ。

嫉妬や羨望は比較によって起こる。比較して「先を越されたな」「かなわないな」と思うときに、「負けた」「悔しい」という気持ちが湧《わ》いてくる。それを肥大化させないためには、間髪《かんはつ》を入れず称賛してしまうに限る。

この方法には、よいことがたくさんある。まず第一に、自分がよけいな嫉妬心や羨望の気持ちを持たないですむ。人間は不思議なもので「よかったね」「よかったね」と言葉に出していっていると、他人のことでも、自分のことのように思えてくるものだ。

第二に、相手との関係がよくなることである。称賛された側は、わがことのように喜んでくれる人に対して親近感を抱く。だから、人間関係はよくなっても、悪くなることは決してない。

第三に、相手からいろいろ便宜《べんぎ》を図ってもらえそうなことだ。「あの人なら私が紹介するよ」くらいはいってくれるだろう。また、「こうしたらいいよ」くらいのことも教えてくれるかもしれない。少なくとも足を引っ張られることはないだろう。

他人に嫉妬、羨望を感じそうな場面はいくらでもある。だから、**「こいつ、すごい奴だな」と思ったら、素直に認めてしまう**に限る。たったこれだけのことで、人生行路はかなり快適に運ぶはずである。

生き方上手になるために

相手を「認めるクセ」をつけておく

Communication

5

生き方上手は、

怒りの感情の
ごまかし方がうまい

生き方下手は、

怒りを我慢して
ストレスをためてしまう

「争いにケリをつけるより、自制するほうがはるかに簡単だ」

といったのはローマの哲学者セネカである。

いまでも刑務所に行けば、争いにケリをつけた人が大勢いる。腹を立てて人と争った場合の一つの帰結は刑務所である。

「すべて穏やかなほうを選べ。ケンカするよりも取引するほうがずっとよい」

といったのは石油王ロックフェラー一世である。

彼はずいぶんケンカをしているが、そこから得た教訓だけに、この言葉には深い意味が込められている。

最近の生理学は怒りのメカニズムを明らかにして、こう結論している。「怒らないほうが絶対に得だ」と。

どう得なのか。以下に怒りの損得を述べてみよう。

第一に、怒ると健康を害する。怒ると脳内に、ある物質が分泌される。怒りにともなう意識と行動に備えるために出るのだが、これは明らかに有毒とされる。始終怒っている人は、毒物を少しずつ口にしているのと同じ。やがて体をこわすことになる。

第二に、老化を促進する。怒りはホルモンとは別に活性酸素を生成させる。活性酸素は呼吸によって体内に取り入れた酸素が変化したもので、強い老化促進因子であることがわかっている。怒ってばかりいると、肌はしわしわになり、シミができ、弾力性が失われる。子供をガミガミ叱っている母親は、自ら老化を早めているのと同じだ。

第三に、怒りはときに感情の制御不能を引き起こし、人生を破壊することもある。前述の刑務所行きがそれである。もしくは被害者にもなる。腹立ち紛れに相手をののしって刺されたり、大ケガをさせられたり――そうなってから後悔してもはじまらない。

だが、人生に腹の立つことは多いものである。とくに、まともな神経を持っているとなおさらだ。怒らないほうが得とわかっていても、どうしても腹の虫がおさまらないときもある。

そんなときは、どうすればいいか。

私は、「このやろうリスト」をつくることをすすめたい。

「こいつは許せない！」と思った人間をリストアップして、手帳につけてしまう

のである。

「いまに見ていろ。きっと思い知らせてやる!」

そう心に誓うのだ。それだけでいい。

このように実際に書いてしまってもいいが、頭の中だけでもかまわない。「いまに見ていろ」だから、いますぐどうこうするわけではない。

だが、これをやると不思議に心が落ち着いてくる。

昔から「腹が立ったら十数えよ」とか「悔しさは噛《か》み締《し》めろ」などといわれるが、我慢するのは体によくない。我慢するとその場は収まるが、八つ当たりを起こしやすい。それでは問題の解決にならない。

この種のストレスに対処するコツは、早くその感情から解放されることだ。それには、このやろうリストに載《の》せるのが一番なのである。

このやろうリストに載せた人と、その後も会うことがあるだろうが、それはそれでけっこう楽しい経験なのだ。

「こいつは俺のこのやろうリストに載っているのも知らないで……」と思えば、その人間に会ってもニコニコしていられる。

人間関係の上手な人は、無意識でも自分でこれと似た心理操作をしているのだ。

生き方上手になるために

怒りは「このやろうリスト」で解消する

Communication 6

生き方上手は、

仕事、家庭以外の
知り合いがたくさんいる

生き方下手は、

仕事、家庭以外の
知り合いがほとんどいない

人とのつきあいには三つのポイントがある。それは、年齢の違う人間とつきあう、職業の違う人間とつきあう、外国人ともつきあう――の三つである。これができれば、自分が成長する機会がぐっと増える。

人とのつきあいというのは、放っておくとどうしても同じ年齢層に固まってしまう。学校が同じ年齢でクラスを編成するため、自然にそうなる。小学校から高校や大学を卒業するまで、友達と呼べる存在はほとんど同じ年齢層なのである。社会に出ると、今度は仕事上のつきあいが中心となる。職場の人間関係はある程度年齢差が出てくるが、いずれもご同業だ。同業者とばかりつきあっていると、どうしても視野が狭くなってくる。

また、日本は外国人が少ない国である。最近はだいぶ増えてきたが、それでも外国人の友達が一人もいない人間は大勢いる。グローバル時代を考えたとき、気候風土、歴史、生活習慣がまったく違う外国人とのつきあいも積極的にしたほうがいい。

では、具体的にどうやったらつきあいの幅を広げられるか。人によって立場がさまざまだから一概にはいえないが、**群れてばかりいないで、なるべく単独行動**

をとるように努めることだ。たとえば、飲みに行くのでも会社の同僚とばかり、というのはいただけない。それでは何年たっても新しい友達はできない。居酒屋に一人で行けば必ず誰か顔見知りができる。定年間近の人と知り合って、年金生活の不安を聞けば、自分の将来設計に役立つ生きた情報が手に入る。若い女性たちと飲み友達になれば、いまどきの女性の意識が読みとれる。そういう情報は、仕事にも自分自身にも生かすことができる。

ビジネスパーソンの行動半径は意外に狭い。会社とマイホームと途中にある酒場、この三角地帯から一歩も出ないで何十年と過ごす人もいる。

ビジネスパーソンにとって、アフターファイブの数時間は貴重である。休日を除けば、自分自身の真のプライベートタイムはそれしかないからだ。いままでは、その時間を同僚と酒を飲むことに費やしてきた。これもつきあいの一種でまったく無効とはいわないが、見方を変えれば残業代のつかない残業ともとれる。少なくとも自分の時間とはいえないのではないか。

その時間帯を会社の同僚と離れて行動する。一人で映画を観たり、演劇を観たり、音楽を聴いたり、あるいは書店に行ったりと、いままでとは違ったことをしてみる。

そんな生活を一年も続けたら、あなたはきっと生まれ変わっている。

読む本や雑誌も変わるだろうし、テレビ番組の好みも変わる。昔の人は人生に行き詰まると旅に出たものだが、現代ではアフターファイブの数時間を変えるだけで、立派な旅ができるのである。

だから仕事が終わったら、職場の人間と群れていないで、一人で行動するべきなのだ。**仕事でもない、といって家庭にもいない、という時間をどれだけつくれるかで人間の器量は決まる**といっていい。

生き方上手になるために

アフターファイブの過ごし方を変える

Communication

▼

7

生き方上手は、

何でも相談できる
異性の友人がいる

生き方下手は、

何かを相談できる
異性の知り合いがいない

人生に彩《いろど》りを添えるのは異性関係である。異性関係のあり方は、大げさにいえば人生哲学にまでいってしまうから、とても簡単には語れない。

だが私の考えでは、中年を過ぎたら、配偶者でもない、恋人でもない、異性の友人を一人や二人持つのがよいように思う。

そういう人間とのつきあいが理想だというのではない。そういう存在を持つことで、配偶者、恋人との異性関係、それから異性一般への見方が少しは成長すると思うからだ。

これは男も女も同じように成長する機会が得られるだろう。

だいぶ前のことだが、若い医師が、女房と幼い子供二人を絞殺して海に捨てるという事件があった。その事件を見て感じたのだが、学歴・職業に関係なく、若者の異性とのつきあいは、短絡的なセックスがらみが多いように思える。邪魔になったから殺す。どうして、こんなに短絡人間が増えたのだろうか。

本来、男女関係といえども、人間の交際の一つである。イヤなら別れるとか冷却期間をおくとか、とにかくふつうの人間関係の処理法がいくらでもあるはずだ。それができないのは、男女関係を何か特殊な関係と思い違いをしているとしかいいようがない。これは明らかに間違いである。

日本の土壌は、男女関係をふつうの人間関係の延長と見る視点がどうも欠けているようだ。配偶者でもなければ恋人でもない、何でも相談できる異性の友達とつきあって、お互いにいろいろ勉強すればいいと思う。

たとえば、奥さんに浮気がバレた。「どうしたらいい？」と相談する。「とにかく徹底的に謝りなさい。すべてはそれからよ」と答えてくれる。自分では不本意でも、こういうときの他人からのアドバイスはけっこう効果的なのだ。

女性だって迷うときがあるだろう。「二人の男性からプロポーズされてるの。どっちがいいかしら」「条件の悪いほうを選んでみたら」。あえて悪い方を選ぶ。こんな一言が役に立つことだってある。岡目八目《おかめはちもく》で、第三者はけっこう正しい判断をする。

私の友人を見ていると、その交際相手は多く、酒場のママとか、仕事で知り合った異性、同級生や大学の先輩など多士済済《たしせいせい》。なかには別れた女房というのもいる。

結婚しているときはソリが合わなかったのに、別れてからは驚くほどウマが合うようなのだ。

年配者というのもいいだろう。自分よりもはるかに年上の人を選んで、そういう相談相手になってもらう。一定の距離を保ちながら、お行儀のよいつきあいをする。

あの事件を起こした医師にもそういう存在がいれば、あそこまで追いつめられることはなかったのではないかと思う。

生き方上手になるために

異性の友人を持つ

Communication

8

生き方上手は、

相手がさりげなく投げた球をキャッチして縁を広げていく

生き方下手は、

相手がさりげなく投げた球を見過ごすから縁が広がらない

なかなかチャンスに恵まれない――。

そう嘆く人間を見ていると、チャンスに恵まれないのではなく、チャンスを逸《いっ》していることのほうが多いのに気づく。

たとえば、パーティーでめったに口もきけないような人と会話を交わす機会を得た。そのとき、「君、何々の本はとても面白いよ。機会があったら一度読んでみたまえ」といわれたとする。

こういうとき、たいていの人は「はあ、はあ」と聞いているだけである。

だが、その人はあなたに興味を持って球を投げたかもしれないのだ。もしあなたが、その本をすぐに読んで感想を手紙で送ったとする。それが縁で交流がはじまるかもしれないではないか。

大人物というのは、しばしばそういう形で若者や目下の人間に、さりげなく球を投げるものなのだ。反応がなければそれでおしまい。チャンスに恵まれない人というのは、こういう形で巡ってきているチャンスを逃しているのだ。

同じくパーティーで名刺を交換すると、すぐにハガキを送ってくる人がいる。

「先日は愉しいお話をありがとうございました。また機会がありましたらウンヌン……」

こういうことが素早くできる人は人脈を広げていける。仕事もよくできる人の場合が多い。これは当然といえる。

はじめて人と会い名刺を交換することは、お互いに自分の球を相手に放ったに等しい。そこから先は球を投げ返すかどうかにかかっている。

男女関係ではモーションをかけるというのがある。別の男性と踊っている女性が、こちらの顔を見てウインクをする。あなた、ちょっと素敵ね。どう、私とつきあってみない？——ウインクにはそういう意味が込められている。

これが球を投げられた行為だろう。受けた男性は何かと理由をつけて、その女性に近づく。そのときに「さっき、俺にウインクしたね。俺が気に入ったの？」などといったらすべてパアである。そういうとき、こちらは何かさりげないきっかけを用意しなければならない。

合図を受けとめて、それに応じる。人間関係には、こういう例に似た、表にハッキリとはあらわれない秘めやかなやりとりというものがある。

それは何も男女関係ばかりでなく、ふつうの人間関係でも大いにあり得るのだ。「君、何々の本を読んだかね」「今度、機会があったら訪ねてきたまえ」「だれそれ君が知ってるかもしれないなあ」などなど。

いろいろなケースが考えられるが、チャンスとはそのような形であらわれる。青春時代に憧れの異性の一挙手一投足が気になったのは、いつ球をこちらに投げてもらえるかという期待だったはずだ。それを思い出してみてはいかがか。

生き方上手になるために

投げられた球はすぐ投げ返す

Communication

9

生き方上手は、

叱ってからほめる

生き方下手は、

ほめてから叱る

故・野村克也さんがかつてヤクルト球団を辞めるとき、「私はほめるのが苦手で、諸君の長所をうまくほめられなかった。誠に申し訳ない」と選手に謝ったという。

最近の教育は「ほめて育てる」のが主流で、文句をいったり、叱咤《しった》したりで発奮させるのは上策ではないとされる。

だが、これも相手次第である。反発心の強い者やすぐれた実力を持つ者には、ほめるよりもケナしたほうがよい場合が多い。そういう意味で野村監督のやり方は、あながち悪いとはいえない。

ただ、ケナしっぱなしはダメ。どんなにケナしても、どこかでほめないと上に立つ者は信頼されない。この点で、野村監督は多少損をしたかもしれない。それでも、プロ野球の監督として、また、それぞれの個性を生かす統括者としての能力にはすぐれたものがあったと思う。

野村監督のケースはさておき、人間関係をうまく築くには、どんな関係であれ、ほめるのが一番効果的である。ほめてさえいれば、相手はこちらのいうことに耳を傾けるからだ。だが、ほめるのは叱るよりむずかしい。

「ほめようと思って努力しているんですが、どうもうまくほめられない。どうやったらいいでしょうか」

数十人の部下を持つ人から、こういう嘆きを聞いたことがある。

たしかに、ほめようにも材料不足の人間がけっこういるものだ。だが、これは簡単に解決できる。ほめようのないときはお世辞をいえばいい。とにかくお世辞をいっているうちに、ほめる材料が見つかる。

それよりも、むずかしいのはほめ方である。たとえば部下に対して、「君は仕事ははやいが字が汚いな」というのではなく、「君は字は汚いが、仕事ははやいな」というのである。

これを称して「あとよしの効用」、あるいは「あとほめの法則」ともいう。いろいろ苦言を呈してもいいから、最後の締めはプラスで終わらせる。そうすればマイナスも生きるし、全体が締まってくる。

これを逆にすると、すべてが台無しになってしまう。なぜなら、最後にいった言葉が一番印象に残るからだ。

名経営者とうたわれた阪急グループ創始者の小林《こばやし》一三《いちぞう》がこれをよく心得てい

た。

あるとき、部下をコテンパンに叱りつけ、「死んでしまえ」といった。意気消沈して部屋を出ていこうとする部下に、小林は「おい君、死ぬ前にこれで一杯やれ」と小遣いをやったという。

「あとよし」で臨めば、人間関係で失敗する確率はぐんと減る。

生き方上手になるために

「あとよしの効用」を知る

Communication

10

生き方上手は、

会話のほとんどはムダ話でいいと思っている

生き方下手は、

何か意味のあることを話さなければと思っている

私も頼まれて講演するときがあるが、もっともらしい演題がついていても、話す中身の半分くらいはムダ話である。もしムダ話でない講演をする人がいたとしたら、その人は慣れていないか講演が下手な人だろう。講演の名人の話を聞いてみると、それがわかる。愉しい講演はムダ話が多いのである。

家族の対話がなくなり、それが家庭崩壊の大きな原因といわれるようになって久しい。最近では、それに気づいたお母さんが、夕食の席などで子供と一生懸命に会話をしようと努力しているのだが、「何をどう話したらいいのかわからない」と困るらしい。

こういうお母さんは、子供と会話するときに何かもっともらしい話をしなければいけないと思っているようだ。だが、家族の会話に何もそんなに構える必要はないので、ふだんと変わらぬムダ話をすればいいのだ。

テレビがついているなら登場している芸能人の好き嫌いでもいいし、飼っているペットのことでもいい。愉しい会話をするにはムダ話が一番いい。人畜無害《じんちくむがい》だからである。ムダ話に終始してもかまわない。ムダ話でひとときを愉しく過ごせたというだけで次につながっていく。

お嫁さんの来手がないのはもちろん、彼女ができなくて困っている男性に共通するのは女性との対話ができないことだが、これも対話の本質がわかっていないからである。何か意味のあることをしゃべらなくてはいけないと思っているのだ。

人との会話で、意味のある言葉を交わすのはほんの一瞬である。話のほとんどはムダ話なのだということを知ったとき、肩の力が抜けて楽に会話ができるようになる。

気の合った人間と交わすムダ話くらい愉しいことはない。それは、ほとんど人生の醍醐味《だいごみ》といっていい。

生き方上手になるために

ムダ話を積極的に愉しむ

第2章

生き方上手になれる「時間の使い方」

どんなに忙しくても、ゆとりがある人
たいして忙しくないのに、余裕がない人

Time Management

Time Management

11

生き方上手は、

エレベーターの「閉」ボタンを押さない

生き方下手は、

エレベーターの「閉」ボタンをすぐに押す

ビルのエレベーターに乗ったとき、すぐに「閉」のボタンを押す人と押さない人がいる。私が若い頃の高度成長時代は、押さないタイプはグズと思われた。交差点を渡るときも、青信号にかわったら、すぐに横断歩道に足を踏み出せる位置に陣取るのがよしとされた。

ホームで電車を待つときは、ドアの開く位置に立つのが当たり前であり、乗降客の比較的少ない車両位置まで知っていればなおよかった。

都会で生活していると、いまいったようなことをするかしないかで、十分や十五分くらいの時間の差が出た。だが、私にいわせれば、そんなに急いで何が得られたかである。大したものは得られないだろう。むしろストレスが増えるのではないか。

早く目的地に着きたいのなら、時間の余裕を十分見て出かければいい。私はいつも約束の時間より十五分か、ときには三十分くらい余裕を見て出かける。そして、途中を急がない。

地方講演などで小都市へ行くと、町を行く人たちを見て、「ああ、都会とは違う。やっぱり田舎はいいな」と思うことがある。それは人々の歩き方がゆったりしているからである。

都会に暮らす人と田舎に暮らす人の違いは、歩行速度に明確にあらわれる。都会人は田舎へ行ってもせかせか早足で歩く。田舎暮らしの人は都会に来ても、歩き方がゆったりしているのである。

そんなに急いで、どれだけ得をするのか。一度考え直してみるといい。改めていうまでもないことだが、急いで得することなどめったにないのが現実である。

そのことは高速道路を走ってみればよくわかる。高速道路を走っていると、後ろからビュンビュン飛ばして追い抜いていく車がある。だが、次の料金所に近づくと、ずいぶん前に追い抜いていった車がすぐ前方に見えることがある。

一〇台や二〇台の車を追い抜いても、目的地に着く頃にはほとんど差はないのだ。それに車をぶっ飛ばせば、事故の危険は格段に高まる。そんなリスクを負うだけの事情があるときなどめったにないはずだ。

エレベーターに乗ったとたん、すぐに「閉」を押さずにいられない人は、高速道路で必死に追い抜きをやっているようなもの。開閉ボタンをこまめに押して、いったいどれだけ時間の節約になるというのか。

以前、道の向こう側に渡ろうと信号待ちをしていたら、そばにいた塾通いらしい中学生の男の子が突然叫び出した。

「もう！　この信号、なんでこんなに長いんだ」

歩行者専用のその信号は、たしかになかなか変わらなかった。だが、一分も待てないで叫び出す子供を見て、こういう子が大きくなると、無意味に高速道路でスピードを出すようになるのではないかと思ったものだ。

かといって、私は手放しで、時間がゆったり流れる田舎がいいといっているわけではない。都会には都会の時間の過ごし方がある。だが、心の余裕を持ちたかったら、できるだけエレベーターの開閉ボタンを押さないようにしてみたらどうか。

エレベーターは黙って乗れば自然にドアは開いたり、閉まったりする。せめてそれを待つくらいの余裕のある都会人でありたい。実際にそれを実行するだけで心にゆとりが出てくるはずだ。

生き方上手になるために

「閉」ボタンを押すのをやめる

Time Management

12

生き方上手は、

「やりたいこと」が明確だから忙しくても時間を生み出せる

生き方下手は、

「やりたいこと」が不明確なのに「時間さえあれば」と思っている

時間さえあればもっとやりたいことができるのに、と嘆く人が多いが、本当はこれは逆である。

やりたいことさえはっきりしていれば、それをする時間などいくらでも生まれてくる。

「もっと時間があれば、アレができるのに、コレもしたいのに」

とこぼす人は、実は、そのアレやコレが自分にも明確でなかったり、とくにしたいことでもなかったりすることが多い。今度の連休には『坂の上の雲』(司馬遼太郎)全巻をまとめ読みしようともくろんでいたのに、結局、最初の数ページだけで終わってしまった——こういう経験は誰にもあるはずだ。

だが、これは要するに、読みたいという気持ちが「本気」でなかった証拠なのだろう。本当に読みたければ、休日を待たず、「さあ、読むぞ」と構えることもなく、それこそ平日からでもとにかく読みはじめるに違いない。

私の知人のある経済評論家は、人から「どうやって時間をつくっているのですか?」とよく聞かれるそうだ。本を書き、講演をこなし、楽器を弾き、スキューバダイビングもする。その時間はいったいどうやって?——というわけだ。なかには「仕事もせずに遊んでいられてうらやましい限りですな」などと失礼なことをいう人もいるらしい。

もちろん、彼は本職の仕事はきちんとこなしたうえでのマルチぶりであることはいうまでもない。それでも、さほど忙しそうには見えないのも事実だ。少なくとも、他にやるべきことを削ってまで、無理してやりたいことをやっているという印象はない。

「やりたいことがいつもたくさんあって」、しかも「やりたいことは時間に関係なくやりはじめてしまう」ことが多いのだそうだ。つまり、それ専用の時間を確保してから何かをはじめるのではなく、時間のことを考えずに、やりたいことはとりあえず、やりたいときにやり出してしまうのである。見習いたいのはこのような時間の使い方ではないか。

そうして、やってみて面白くなければ途中でやめてしまうし、面白ければどんどんのめり込んでいく。そのために、多少は他の時間に食い込んだり、削られたりすることはあるだろう。しかし、それは結果的にそうなっただけであって、はじめから、何かをするために時間をつくったり、他のことを中止したりすることはない。

それに比べて、もっと時間があればといつも思い、何かするための時間をつくり出そうと心がけているのに、つきあい酒がある、接待ゴルフもある、家庭サービスもしなくてはいけないなどなど、そんなことで結局、やりたいことが何もできない人とは、ずいぶん違う。

何かをするために時間をとらなくてはと思っている限り何もできないが、とりあえず、時間にかまわずやりはじめてしまえば、時間というのは自然にあとからついてくる。そのへんのところを、かつてある人が、**「これをやりたいという情熱が時間を生むのであって、その逆ではない」**と表現していた。まさにその通りである。

もちろん、その前提として、何をやりたいのかが明確になっていなくてはならない。忙しくて時間がないという人に限って、たまの休みを結局、ゴロ寝でつぶしてしまうのは、ただ忙しがっているだけでやりたいことがはっきりしていないからである。

時間があるから何かできるのではない。やりたい「気持ち」が時間をつくるのだ。

だからまず、時間にかまわず、やりたいことはすぐにはじめてしまうことをおすすめする。

生き方上手になるために

まず「やりたいこと」をはっきりさせる

Time Management

13

生き方上手は、

やる気が起きなくても
とにかくはじめてみる

生き方下手は、

やる気が起きない
言い訳をはじめてしまう

やる気くらいアテにならないものはない。やる気が起きるのを待っていると、たいていのことはどんどん遅れてしまう。ところが、人はなぜかやる気をアテにする。

人間は本来、勤勉か怠け者かといえば、残念ながら怠け者である。これは性悪説でいうのではない。人間は愉しいことをして遊んでいたい動物だということ。人間以外の動物を見ればわかるはず。彼らは餌の確保と生殖以外はブラブラしている。

人間の場合はもう少し複雑だが、それでも本質が怠け者であることは、ほぼ間違いない。人間の欲望をことごとく満足させたらどうなるかを試した心理学の実験で、人間が最後にした行動はゴロ寝だったそうである。

私がやる気をアテにしてはいけないというのは、本来怠け者の人間にとって、やる気が起きる機会は少ないと見ているからだ。少ないのだから、そんなものをアテにはできない。では、やる気をアテにしないで、どうやって行動に移すか。

とにかく何も考えないで行動をはじめるのがよいと思う。ただ、その際に注意しなければならないのは「考えない」ことにある。考えると「あとでいい」とか

「面倒だ」という気持ちが芽生える。するべきことがあったら、考えずにさっさと行動に移すこと。これに尽きる。行動に移せば自然にやる気も出てくるものなのだ。

やる気について、哲学者ヒルティがうまいことをいっている（『幸福論 第一部』草間平作訳、岩波書店）。

「……感興《かんきょう》は、仕事に伴って、またその最中に、最もわきやすいものなのだ。（中略）だから、（中略）気の向かないことなどをすぐに口実にしたりせずに、毎日一定の適当な時間を仕事にささげることである」

「……時間、場所、位置、気乗りや気分などの準備に長い暇をかけないことだ。気乗りは、仕事をはじめれば自然にわいてくるもので、（中略）仕事にたいして単に受け身でなく、むしろ攻勢に出れば直ぐに消えるものである。あらかじめ考えをまとめるとか、仕事について熟考するとかいうのは、たいがいの場合、仕事をのがれようとする口実である」

まったくその通りで、気が進まないことでも、とにかくはじめてみると面白くなるという経験は、きっと誰でも持っているはず。愉しみにしているゴルフでも、朝早く家を出なければならないと考えると、起きる一瞬は「ああ、面倒くさい。

このまま寝ていたい」と思う。布団をはねのけてしまえばいいのだが、その最初の行動ができない。結局、**やる気が起きないのは点火装置の故障**なのである。

人間は言い訳をする動物だから、いま何かをはじめたくないと思うと、それを正当化するために、いろいろな理由をならべるようになる。それらがどんなにもっともらしいものであっても、すべて言い訳なのである。だからやる気がないときは、あまりそのことを考えないほうがいい。下手に考えていると、見事な言い訳を思いついて、本当にしたくなくなってしまう。

しなければならないことがあるときは、自分に都合を聞かず、何も考えずにとにかく着手することだ。

生き方上手になるために

やる気をアテにしない

Time Management

14

生き方上手は、

スケジュールは大ざっぱに立てる

生き方下手は、

スケジュールを細かく立てる

やたら忙しがっている人をよく見かけるが、時間がないのではなく要領が悪いことがほとんどである。その証拠に、仕事のできる人、多くのことをやる人は忙しがったりしない。黙ってさっさとすませている。

忙しがる人には二つのタイプがある。一つは忙しがっていることを自慢したい人である。「都合のいい日を教えて」というと、おもむろに手帳を取り出して「二カ月先までいっぱいだなあ」などという。忙しくないと人間の値打ちが下がると思って、忙しがってみせているのだ。

もう一つは時間管理が下手で、本当に時間がない人である。こういう人は時間の使い方が下手なのだ。いまできることを先に延ばしたり、優先順位がわからない、やることがのろいといった欠点を抱えている。

時間というのは自分でつくり出すものである。たとえば、手紙一本書く時間がないと嘆く人がいるが、そんなことはあり得ない。よく聞いてみると、書こうと思うときに便箋がなかったり、住所録が見つからなかったりで書けないのだ。

準備をしていないと、できないことがたくさんある。だが準備さえしてあれば、手紙など十分もあれば書ける。喫茶店で人を待つ時間にもできることなのである。

約束に遅れるのも時間がなくなる大きな要因である。十五分早く着けば、電話を二、三本かけて、ハガキくらいは書ける。だが遅れて行けば、そんな余裕はまったくなくなる。三十分後に出れば間に合うとすると、「中途半端な時間だ」などといいながら、その三十分をムダに使う。そんなことなら早く行って何かをすればいい。

また、時間を決めないことも、「時間がない」という人の特徴である。人と会って十五分で用をすませたら、あとは十五分くらいの雑談で切り上げればいい。それを一時間も二時間も長話をする。さらに、時間の入れ替えができないのも時間がなくなる原因の一つだ。いったんスケジュールを決めると動かせないのだ。明日の予定でも、近くまで来ているなら今日すませられることだってある。

手帳にスケジュールをびっしり書き込むのもよしあしである。スケジュールの柔軟な変更がやりにくくなる。どうしても書いた通りにやろうとしてしまう。

もちろん、手帳がスケジュールや時間管理のために必要なものであることは間違いないが、過ぎたるはなお及ばざるがごとしである。手帳にこったり、細かなスケジュールを立てないと気がすまない人は、かえって計画や時間に縛られ、振り回されることが多くなる。

たとえば、今日一日にやるべきこと、やらなくてはいけないことを、やるべき時間に従ってびっしりと手帳に書き込んだとする。すると、「すべて時間に従ってやらなくてはいけない」という義務感や拘束感が生ずる。

「あれもこれもしなくてはならない、ああ、時間がない」と気はあせり、結局、あれもこれも予定通りにこなせなくなってしまう。こんなドタバタは、なぜ起こるのか。

それは、スケジュールを立てたら、どれも等しくやらなくてはいけないことだと錯覚してしまうからである。

しかし、一日の予定のうちで、その日のうちに、しかも決められた時間にこなさなくてはいけないことなど、そうたくさんあるものではない。書き出した予定のどれもこれもが、必ずやらなくてはいけないということはまずない。やるべきことの中にも必ず、やらなくてもかまわないことが混じっている。仕事の重要度には、それぞれ濃淡があるといってもいい。

手帳にこる人や綿密なスケジュールを立てるタイプは、この二つの区別が見えにくくなるのである。

そうして、いまやるべきことを後回しにしてしまったり、やってもやらなくてもいいことを急いでやってしまったりする。また、どうでもいい細かいことまですべて抱え込んで身動きがとれなくなり、やるべきことまでやり損ねたりする。

私がアバウトにしか計画を立てないのは、こうしたやらなくてもいい時間のムダを防ぎたいからである。細部にこだわって全体の構成や流れを見失うことが、すなわち、もっとも下手な時間管理法なのだ。

生き方上手になるために

手帳にこりすぎない

Time Management

15

生き方上手は、

ムダな時間の
「見切り」がうまい

生き方下手は、

ムダな時間を過ごしている
ことに気づかない

十九世紀から二十世紀にかけてのイギリスの言語学者ウォルター・ウィリアム・スキートは、独力で膨大な量の英語の語源辞典をつくったが、そのとき彼は、どんなむずかしい語源の単語でも三時間以上の調査はしないと決めていたという。

一つの単語の語源を一生懸命、三時間までは調べるが、それでもわからなかったものは「不詳」として先に進んだ。自分が三時間もかけて調べのつかなかったものは、ほかの誰がやってもすぐには説明のつく単語ではない、それよりは辞書を完成させるほうが先決問題だと考えたわけだ。

やるだけやったら、あとは詳細さにこだわるのではなく能率を優先させたほうがいい、ということなのだ。それでスキートの辞書が「拙速」にとどまったかというとそうではなく、いまだに版を重ねるほどの高い信頼を得ている。

以上は、故・渡部昇一さんの名著『知的生活の方法』（講談社現代新書）に紹介されているエピソードで、これをムダな時間を「見切る」よい方法だと述べている。

この「見切り」は私たちの仕事や遊びにも、時間の有効な活用法として大いに利用できそうだ。

世には完全主義、完璧主義という人がいて、彼らは与えられた仕事やテーマを隅から隅まできちんとやらないと気がすまないタイプだ。いつもそうできればいいが、自分の能力では一〇〇％こなすのは無理な仕事もある。

しかし、そういう場合にも完璧主義者は仕事に一〇〇％の完全さ、正確さを求める。八〇％まで達成したから、あとの二〇％は今回はよしとしよう、とは思わない。死力を尽くして残りの二割を埋めようとする。それができればいいが、できなくて間に合わなかったりすれば、結果的にはムダな努力となる。つまり、完全さにこだわるあまり、時間をムダにしたことになる。

これは、とりもなおさず、時間の「見切り」が下手だということである。失うのが時間だけだったらいいが、こういう人はえてしてノイローゼに陥りやすく、体力や健康まで損ねることにもなりかねない。

仕事でも遊びでも、ある程度の時間、集中して一生懸命やり、それでもわからなかったり、できなかったりしたら、それは「不詳」でいい。それはわかる必要のなかったもの、自分だけでなく誰がやってもできないことだと割り切って、先へ進んだほうが全体として能率はよい。

八〇％できれば十分、それ以上は見切って、正確さや完全性より効率をとること。自分なりのタイム・リミットがきたら、あとは先に進むことを優先させ、スタンスを楽にとっておくことが肝心。いったん棚上げにした問題のヒントや解決法が、あとになって不意に浮かんでくることもあるからだ。

とくに仕事では、それに関わっているかぎり、「俺は仕事をしている」という心理が支配して、時間をムダにしているとは思いにくい。しかし、結局できないことを延々とやっているのは、たとえ仕事であっても、やはり大いにムダである。

そして実は、私たちが本当に省かなくてはならないのは、こうした「本人がムダとは意識していないムダ」なのである。

遅くまで酒を飲んでいた、本も読まずボンヤリと過ごしてしまったなどという、本人がムダだと意識しているムダは実は大したムダではない。本当にムダなのは、仕事や勉強をしている中で生まれる、一見、ムダとは思えない時間の空回りである。

それは、一生懸命やっていることが私たちに一種の心理的満足を与え、結果を問わず、それだけで「何かしている」ような気になって、時間をムダにしているとはつゆにも思わないからである。

それればかりか、毎日、その「ムダな一生懸命」を繰り返してしまいやすい。心の充実は必ずしも時間の充実にあらず、と心得ておきたい。そうでないと、大きく時間を損ねることにもなりかねない。

ある程度できたらよしとする。「いい加減」のすすめである。語弊があるかもしれないが、「いい加減」とは無責任とは違う。何事も自分の裁量によって物事を決め、人生を愉しく過ごす秘訣である。

生き方上手になるために

八〇%できたら先に進む

Time Management

16

生き方上手は、

すぐ誰かに相談する

生き方下手は、

一人でクヨクヨ悩み続ける

優柔不断と遅延は双子の悪魔だそうだ。

何事かを成すに当たって、グズグズしているのが一番よくない。ナポレオン・ヒルの『成功哲学』（柳平彬監修、田中忍訳、産業能率大学出版部）という本に、「失敗者になる三十一の原因」というのがあって、その中で「グズグズ」に関連する原因が三つある。「決断力の欠如」「一日のばし」「過度の用心」である。

この三一の原因は、著者が勝手につくったものではない。敗北者とみなされる二万五〇〇〇人を対象に、かなり長期間にわたって失敗の原因を研究した結果だという。

いかにもアメリカらしい研究方法だが、一つでもかなり決定的な要因になるものばかりである。それなのに、グズグズするのは三つも関わっているというのだから、これだけでもう相当なマイナスだ。

しかし、ふだんわれわれはけっこう迷うものだ。迷えば優柔不断になるし、すぐにはそれに取り組めない。では、どうしたらいいか。迷っていることを他人にしゃべってしまうのも一つの方法ではないか。その効用は二つある。

第一に、人にしゃべると引っ込みがつかなくなる。

「ある会社から誘われているんだが、転職すべきかどうか」

「縁談が持ち込まれているんだが、いま結婚すべきかどうか迷っているんだ」

他人にしゃべれば、結論を急がねばならなくなる。自分をそういう気持ちに追い込むには、迷う事柄を一人で抱えていないで、信頼できる友人、知人に公開してしまうに限る。

第二に、人にしゃべっているうちに頭の整理がついてくる。

「転職するって、どんな会社なんだ？」

「条件は？」

「君の気持ちは？」

相手はいろいろ聞いてくる。

「いまは、やめたほうがいいのではないか」

というアドバイスもしてくれる。それが刺激になって、迷いの霧がだんだん晴れてくる。

人の意見に左右されることはないが、自分の考えをまとめるのに、他人の考え方が役立つことは少なくない。会議というのは「問題や計画を他人にしゃべって衆知を集めるシステム」である。それを個人レベルでやるのが他人にしゃべることだと思えばいい。

自分の転職問題について「会議を招集します」といったら常識を疑われるが、賢い人はひそかにそれをやっている。自分の抱える問題をそれとなく他人にしゃべって、その知恵を盗むわけだが、こればかりは盗んでも誰からも文句はいわれない。

「何事もつくづくと思い出すべきではない」といったのは豊臣秀吉だ。一人でクヨクヨ考えていると、ロクな結論が出てこないという至言だ。

生き方上手になるために

迷っているときは誰かにしゃべる

Time Management

17

生き方上手は、

コマ切れ時間は
精神のリフレッシュに使う

生き方下手は、

コマ切れ時間を
活用しようとがんばりすぎる

お金を貯《た》める方法には二通りあって、一つは支出以上の収入を心がけること。いま一つは、収入以下の支出で暮らすことである。

「なーんだ」というなかれ。突き詰めると、お金を貯める理屈は、いま以上に稼ぐか、いま以上に使わないか、もしくは、その両方かの三通りしかない。

時間はもっと不自由である。時間はいま以上に増やすことができない。誰にも――アメリカの大統領からおとなりのおじいちゃんまで――一日二十四時間と決まっていて、時間の財テクは不可能なのである。

しかし、ムダな時間を減らすことで、相対的に時間を増やすことはできる。時間という物理的なものは一日二十四時間かもしれないが、時間の質はそれぞれみんな違うからだ。

「ムダな時間を削れ」というと、読者は雑誌の時間管理特集などによく見受けられる内容――いわく、通勤時間をムダに過ごすな、ぼんやりした時間は罪悪だ、コマ切れ時間を利用せよ、五分の待ち時間を活用せよ、といった細かい時間を生み出すノウハウを期待されるかもしれない。もしくは、「そんなの、もうウンザリだ」と辟易《へきえき》する人も少なくないだろう。

ウンザリする気持ちはよくわかる。

そうした特集には、かりに、何もしないでぼんやりしている時間が一日に五分あるとすると、その「空白の五分間」を毎日、英語のレッスンに使えば一年で三十時間もの自己啓発ができるといった調子の、つま楊枝で歯のスキ間をせせるような細かすぎるほどの時間管理術が書かれている。

実行できれば、それはそれで有効なのだろうし、計算上も正しいが、実際問題として、一日のうちの五分なり十分なりの空白時間を毎日、欠かすことなく埋め、積み重ねていくことなどは不可能に近い。机上の空論である。

しかも、**コマ切れ時間をいくら積み重ねても、まとまったことはできないものなのだ。それより、五分や十分の短い空白は空白のままにしておいたほうがいい。**

何かしなくてはという義務感から、しばし頭を解放して、ただ電車を待っているだけだったり、ぼんやりしているだけのほうが、よほど精神のリフレッシュになる。潜在意識の底から思わぬアイデアや企画が浮かんでくるのも、そうした一見ムダな時間なのである。ぼんやり時間は、私は大切だと思う。

私は仕事柄、ふだん原稿に目を通したり、活字と接したりすることが多いだけに、電車の中では新聞や雑誌、本の類《たぐい》にはいっさい目を通さない。向かいに座った女性の顔やファッションをぼんやりと眺めていたり、そばに座った中学生たちの会話にさりげなく耳を傾けていたりする。

情報という点から見ると、それが貴重な一次情報にもなっているからだ。

生き方上手になるために

細かすぎる時間管理術はやめる

Time Management

18

生き方上手は、

一人きりの時間を大切にしている

生き方下手は、

一人きりになることを恐れている

昔はよく見かけたが、最近は居酒屋などでも一人で酒を飲む男が少なくなった。また、一人で飲む姿がさまになっている男はもっと少なくなった。

小説家の故・開高健《かいこうたけし》さんが嘆きそうなこのような傾向は、経済効率最優先で世の中が忙《せわ》しなくなったのと歩を同じくしているように思える。それはともかく、酒といえば必ず数人連れ立って飲みに行くのが一般的になった。まるで近頃の日本人は、一人になるのを恐れているようにさえ見える。

しかし、自分の時間を豊かにするのは、その「孤独」ではないか。孤独にひたり、自分と対峙《たいじ》する時間を一日のうち、あるいは一週間のうちのどこかで持つこと、それが多忙なビジネスパーソンに不可欠なことなのである。

かくいう私も、**一人で行く酒場を何軒かキープ**している。そこには親しい友人といえども連れていかない。いつも必ず一人で出かけ、店の人とも一定の距離をおいて必要以上には親しくならないようにしている。

まとまったことを考えようとも思わない。ぼんやりと物思いにふけるというか、いろいろな思い（のかけら）を浮かぶにまかせ、流れるにまかせながら、ふだんよりゆっくりと酒を飲むのである。

会社や家庭など、どこからも自分を切り離して一人になって飲む。一人で飲めば、いやでも自分と向き合うことになる。私の経験でいえば、自分の能力、長所、欠点などが、そうした時間に客観的に把握でき、自分の生活のありようを見つめ直すことができる。

それから、これはちょっとうまくいえないが、五感が研ぎすまされて気持ちのうえでピュアになったような感じがすることもある。ふだんの生活にはない「層の厚い」時間が流れているという自覚もある。

とにかく、酒場でなくてもかまわないが、そうした自分なりの「不可侵領域」をどこかに確保して、孤独にひたり、一人きりになる習慣をつけることをすすめたい。厚みのある時間が得られるとともに、それは人生にも深みを与えるはずだ。

人間、生まれたときも一人なら、死ぬときも一人である。ならば生きているときも、一人の時間を持つことがあってもいいではないか。いつも誰かがいないと寂しいというのでは情けない。

もう昔になるが、女優の故・岡田嘉子さんがモスクワのアパートで亡くなったときに、彼女が「一人で死んだ」ことに、何か意志的な孤独の美しさを感じたことをいまでも覚えている。孤独ではあったがみじめではなく、孤高という言葉も浮かんだ。

ひるがえって、いまの日本人はどうか。にぎやかだが妙に寂しい。たぶん、孤独を恐れ、一人になることに不慣れだからだろう。「本当の時間」のつくり方が下手なのである。

生き方上手になるために

一人で行ける酒場を何軒か持つ

Time Management

19

生き方上手は、

「余裕はできるものではなくつくるもの」と考えている

生き方下手は、

「いつか余裕ができたら」と思っている

「あくせく生きたくない。もっとゆったりと生きてみたい」

こう思っている人は少なくない。だが、ほとんどの人はそう思うだけで一生を終わってしまう。なぜかというと、頭で思っていても、「ゆっくり生きるとはどういうことか」がわかっていないからだ。

実際に、いまの生活の中に「ゆっくり」を取り入れるとなると、けっこう大変なのかもしれない。朝ゆっくり起きて、のんびり朝御飯を食べていたら、たちまち遅刻である。それなら夜早く寝ればいいと早寝を実行しようとしたら、人とのつきあいに不都合が出てきた——というような具合で、いったんできてしまった生活ペースというのはそう簡単には変えられないのだろう。

ゆっくり生きるとは、そういうことではないのだ。ひと口でわかりやすくいえば、ゆっくり生きるとは「がんばらない生き方」といってよい。日本人はどちらかというとがんばり好きな国民で、何かというと「がんばれ」と励まし、「がんばります」と答える。そして、本当にがんばってきた。

競争社会では何であれ人より先に、あるいは人より高いところに達したほうが勝ちだから、ライバルと争ったり勝つための努力をしたりしなければならない。

その作業が、つまりは「がんばる」ということだったのだ。この「がんばる」をやめてみると、ゆっくり生きることの意味が見えてくると思う。

たとえば、人が話題のブランドものを持っていても気にしない。本当に欲しくて買うのはいいが、他人との比較はやめる。試験でいい成績を取ろうとするのは自然の成り行きだが、特定の人間を追い抜くようなことは考えない。

会社でも仕事はきちんとやるが、出世競争みたいなものには極力参加しない姿勢をとる。マイホームが欲しいと思っても、無理なローンを組んでまで買ったりしない。人生のあらゆる場面で、分相応の姿勢を貫いて、決して無理をしないのである。

一方で、「ああしたい、こうしたいといろいろ思いながら、なかなかできない」という不満を抱いている人も少なくない。とくに仕事に追いまくられていると、切歯扼腕《せっしやくわん》する思いを抱きながらも、思ったことの一〇%もできないで時が過ぎていく。

そういうときに心の解決策として誰もが思うのは、「ヒマになったら絶対にやってやる」という誓いである。だが、こういうやり方はダメだ。どんなに忙しくても、何か一つホッとできるものを持っていないと、ますます余裕を失っていく。余裕というのはできるものではなく、つくるものなのである。

どんなときでも花を愛《め》でる心のゆとりを失うな、と私はいいたい。どんなに忙しくても、自分の住まいのどこかに花を飾るくらいはできると思うからだ。トイレットペーパーを補充するのと同じ労力で、それはできるではないか。

もちろん花でなくてもよい。金魚や熱帯魚を飼うのでもよい。自然の美しさや動植物との共生感を失ってはならないのだ。最近の家庭はモノは豊富でも無機的な装飾が多い。動植物の影が見当たらない部屋の住人は、情緒的なところで問題が生じたりしないかと思う。

Time Management

20

生き方上手は、

時間を忘れて何かに没頭していることが多い

生き方下手は、

時間をしょっちゅう気にしている

人生は長くもあり、短くもある。だが、そんな物理的な時間にとらわれてはいけない。時間を気にしているときは、時間に使われているからである。趣味であれ仕事であれ、夢中になって過ごしていると、時間のたつのを忘れてしまう。これこそがもっとも充実した時間の過ごし方なのだ。

時間の使い方は、その人の生き方と大いに関わっている。「時間がない」という人はその原因を「忙しさ」に求めがちだが、仕事ができて人生が充実している人は、決して「忙しくて時間がない」などとはいわない。

時間の使い方がうまくて、時間に不自由していないからである。忙しいのは時間がないからではなくて、忙しくしているから時間がなくなってしまうのである。実際に忙しくしている人の行動パターンを見ていれば、それはすぐにわかる。時間を気にしすぎて、やることの一つ一つが不十分であることが多いはずだ。

本当に時間を効率的に使っている人は、時間を意識するヒマもないほど一つのことに熱中できる。そうやって時間のたつのを忘れている。このときほど時間が効率的に使われているときはないのである。

時間をムダにする最大の元凶は「夢中になれないこと」である。ウンザリしながらやる仕事のことを考えてみるといい。時間の歩みのなんと遅いことか。時間はそれを意識するときムダにされている。時間をムダにしたくなかったら、時計とにらめっこするのをやめて、その間に時間を忘れるようなことをしてみるといい。

それが、かりに五分、十分であっても、時計を眺めていた人よりも時間を有効に使ったことになる。それを何十年も積み重ねたらどういうことになるか。ひょっとしたら人生一つ分くらいの差がついてしまうかもしれない。時間というのは、それくらい伸縮自在なものなのである。

生き方上手になるために

時計とにらめっこするのをやめる

第3章

生き方上手になれる「自信とセルフイメージの法則」

実力はそこそこでも、伸びていく人
実力はあるのに、なぜか伸び悩む人

Self-confidence

Self-confidence

21

生き方上手は、

「自分っていい奴だな」
と思っている

生き方下手は、

「自分ってダメだな」
と思っている

「自分探し」という言葉がある。学校を卒業しても、すぐに社会に出ないで、ブラブラしている若者の中には、そういうことをいっている人をよく見かける。

学校を出たら、なぜすぐに社会人として働かねばならないか。こういう疑問を持つのは悪いことではない。「自分が本当にやりたいことは何か」を見つけようとするのも正しい選択である。

だが、それよりもっと大切なことがあることを知ってほしい。それは「自分を好きになっておく」ということだ。社会人として、よりよく生きていく前提には、このことが絶対に必要なのである。それなしには、よりよい自分探しもできない。

人は誰でも「自分はこういう人間だ」というイメージを持っている。これをセルフイメージ、もしくは自己像という。自分探しを考える前に、自己像をしっかり確立しておかなくてはならないのだ。

「それがわからないから自分探しをするんです」。こういうことをいう人がいるかもしれない。もしそうだとしたら、なおさら、あわてて自分探しなんかしないほうがいい。よい自己像ができていないうちに「自分探し」などをはじめると、ロクな結果にならないからだ。

好ましい自己像を確立するのは、そうむずかしいことではない。自分のよい点だけを取り出して、「自分っていい奴だな」と勝手に思えばいいのである。誰にだって、よい点の一つや二つはあるはず。

自分を「いい人間だな」と思えるようになれば、よい意識を持てるようになり、よい行動ができるようになる。そうすれば、他人ともうまくやれ、前向きな生き方ができるようになる。

「私は、どうも他人とのつきあい方が下手で……」。こういうことをいう人がよくいるが、**他人とうまくいかないのは、自分との折り合いがよくないからである。**よい自己像さえ持てれば、きっと他人ともうまくいくのだ。

自分を好きになる絶対的な方法が一つある。それは「他人のために何かしてあげる」ことである。まず他人の役に立つこと、他人を喜ばせることをモットーにする。そうすると間違いなく自分が好きになれる。

ただ、ここで一つ注意しておきたいことがある。それは「他人」をどう選ぶかである。人の役に立ちそうなこと、喜びそうなことを実行するとき、なるべく身近な人間は避けたほうがいい。身近な対象ほど愛憎が深いので、逆の目が出たとき取り返しがつかないことになるからだ。だから人を喜ばせよう、役に立つことをしようと思うなら、まずは自分と距離の遠い人からはじめることだ。

電車の中で高齢者に席をゆずるとか、車椅子の人が駅の階段で困っていたら助けるなどの行為を積み重ねていくといい。

そういうことが躊躇なくできるようになると、人生は自然によいほうへ向かっていく。たとえばエレベーターを降りるとき、「どうぞ」と同乗している人たちに先をゆずる、そんなちょっとした行為をまず実践してみることである。

生き方上手になるために

小さな善を積み重ねて自分を好きになる

Self-confidence 22

生き方上手は、

自分の身に起きたことはすべて「必要、必然」と受けとめる

生き方下手は、

自分の身に起きたことを何でもプラスに捉えようとする

プラス思考という言葉は、知らない人がいないほど普及したが、正しい理解をしている人ばかりではないようだ。「何でもよいほうへ考えればいいんでしょう」という人がいるが、決してそうではない。

たとえば、同期入社の人間と比べて、自分はかなり後れをとっているとしよう。ふつうだったら、同輩に比べて「負けている」と思って不思議はない。こういうときにプラス思考をしたらどうなるか。「自分は負けていない」と思えばいいのか。だが、こういうのはプラス思考とはいわない。

プラス思考について、よく引き合いに出されるのは、コップの水とか財布の中の一枚の一万円札の話である。コップに水が半分入っている。このとき「もう半分か」はマイナス思考、「まだ半分もある」がプラス思考だという。財布の中身でも同じである。

でも、いくらこういうプラス思考をしても、心の底ではそうは思っていないことが多い。どちらかといえば自己を偽るような発想だ。これではプラス思考とは思えない。では、本当のプラス思考とは、どういうものなのか。

経営コンサルタントだった故・船井幸雄さんが、生前、実にうまい表現をされていたので、それを紹介しておく。

「どんな出来事でも、自分の身に起きたことは、すべて必要、必然として受けとめるべきである」

これが究極のプラス思考であると思う。たとえばガンで「余命半年」と宣告されたとする。そのとき「大丈夫、もっと生きられる」とか「治る、絶対に治る」と思うのは、プラス思考でも何でもない。

その事実を「自分にとって必要、必然」と受けとめることが、真のプラス思考の考え方なのである。そこから先は考慮の外である。

これは、あきらめだろうか。いや、決してそうではない。ガンでさえ「自分がよりよく生きるためには必要なことなんだ」という覚悟が、ときに奇跡的な治癒例を呼ぶ。しかし、奇跡が起きなくても「それでいい、必然だ」と思うのがプラス思考なのである。プラス思考は、何でも事態をよいほうへ導く魔法の杖《つえ》ではないのだ。

プラス思考の反対はマイナス思考である。何でも悪いほうへと考える。ガンと宣告されたわけでもないのに、咳《せき》が止まらないと「自分は肺ガンだ」などと思うのがマイナス思考である。

日本人はマイナス思考にとらわれることのほうが圧倒的に多い。意識しないで、プラスとマイナスのどちらの考え方に傾くかを調べると、七割はマイナスに考えるという。人間の運命はしばしばその人の考えた通りになるから、マイナス思考にとらわれてばかりいると、それが現実化する恐れが多分にある。

ここから「プラス思考をしましょう」という考え方が出てきたわけだ。しかし、前述した間違ったプラス思考では、少しも心は安らぐことがない。一種の嘘を無理やり信じ込ませようというのだから、むしろストレスが強くなる。

もう偽物のプラス思考につきあうのはやめよう。「すべては必要、必然」と受けとめることだ。不思議なことにこう思い切ると、なぜかすべてが好ましい方向へと動き出す。なぜだかわからないが、そうなのだ。この秘密は、まだ解かれていない。

生き方上手になるために

正しいプラス思考を身につける

Self-confidence

23

生き方上手は、

よいセルフイメージを意識的につくっている

生き方下手は、

悪いセルフイメージを無自覚に持ってしまっている

人は誰でも「自分はこういう人間である」というイメージを持っている。これがセルフイメージである。セルフイメージは、その人間の考え方や生き方に大きな影響を与える。とくに何らかの身体的な欠陥があると、本人はそれが気になって積極人間になれないことがあるが、現実は自分が思っているほど他人は気にとめていない。

若いときからハゲを気にして、他人からどう見られるかばかりに神経を使っている人もいるが、他人は外見上のそんなことより、いつもコンプレックスを持っているクラい奴というイメージのほうが強いのである。要は、その人の生き方の問題なのだ。

自分の鼻が少し曲がっているのを気にして、好きな異性にも自分の気持ちを伝えることができずに、一人で悩んでいる女性がいた。

あるとき、意を決して整形手術をして鼻の曲がりを治療してもらった。それ以来、いままで陰気でとかくクラいといわれていた彼女が人が変わったように明るくなり、意中の男性からも声をかけられるようになった。

そして、その男性とめでたく結婚。その後、彼女は手術をして鼻を直した秘密を打ち明けたが、意外なことに、彼のほうは彼女の鼻の曲がりにはまったく気づいていなかったという。

ではなぜ、手術をしてから声をかけてくれるようになったのかと彼女が聞いたところ、ある日をきっかけに彼女がとても明るく行動的な人間になったからだといったそうだ。外見ではなく、態度の変化だったのだ。

手術前の彼女は「鼻に欠陥がある」ということで、自分はダメだ、欠点のある人間だというセルフイメージを持っていた。それが手術によって、よいセルフイメージに変わった。容貌の変化は他人が気がつかないほどだから、本当はどうでもよかったのだ。肝心なのは、彼女自身の態度が明るく変化したことである。

「人はどんな場合でも、自分自身と環境に対して『自分が真実である』と想像したイメージに基づいて行動するのです。これは人間の心の基本的な法則といってよいものです。たとえば、催眠状態にある人間（中略）が、（中略）『今あなたは北極にいます』と告げられると、身ぶるいして寒そうに見えるだけでなく、実際にも鳥肌がたつのです。また、（中略）『これは真赤に焼けた火箸です』といって、（中略）ふれると、（中略）火ぶくれができることさえあるのです」（マクスウェル・

マルツ『自分を動かす』小圷弘訳、知道出版）

われわれは真実にもとづいて行動しているようで、実際は「真実と信じる事柄」によって行動している。それが自分にとって好ましいときはいいが、悪かったらそこから生じる損失は計り知れない。

詩人ジョン・ミルトンはいった（『失楽園』）。

「心は、地獄を天国となし、天国を地獄となす」

かりに「鼻の形が悪い」を「学歴がない」に置き換えてみよ。いつも自信をなくしていなければならない。よいセルフイメージをつくるには、自分の「かくありたい姿」をつねに思い浮かべることだ。

生き方上手になるために

よいセルフイメージを大切にする

Self-confidence

24

生き方上手は、

「ああなれる」と考える

生き方下手は、

「ああなりたい」と願う

まったく同程度の経歴と実力の人間が二人いて、Ａは「自分はこれといった取り柄のない人間だから、この会社で働けるだけでも幸せだ」と思い、Ｂは「いずれこの会社を自分の手で牛耳ってやる」と思っていた場合、将来どちらがよい地位につけるだろうか。じつは、Ｂのほうが、はるかに可能性が大きいのだ。

ジェームズ・アレンなどがいっているように、**人生には一つの大きな法則があって、それは「ある人の人生はその人が考えた通りのものになる」**というもの。

ただ、この法則がすんなり受け入れ難いのは、過去に自分が「ああなりたい」とか「こうしたい」と思ったことが、そのまま現実には実現していないことがほとんどだからだ。

「人生が自分の考えた通りになるとしたら、いまの自分は別のものであるはず。そんなことはとても信じられない」

こういう意見がすぐに出てくる。だが、この見解は正しくない。たしかに過去に「ああなりたい」「こうしたい」と思っただろうが、その過程で本当に「そうなれる」と確信を抱いたかどうかが問題なのだ。実際には、願望を抱いたにしても、「どうせダメだろう」「なれっこない」と否定の気持ちをどこかで持ったはずだ。

ほとんどの人がやっているのはこれで、願望を抱くのはいいが、やがてそれを打ち消している。打ち消しているのだから、その限りにおいて「自分の思った通りになっている」のだ。

世の中には、何をやってもうまくいく人と、いくら努力しても失敗ばかりの人がいる。こういう場合、たいていの人は運のよしあしをいう。たしかにそれもあるが、本当の原因はそんなところにはない。自分が、それをどれだけ熱望したかどうかが問題なのだ。

一生懸命にやっているようでも、それが見てくれだけで、切実な思いがなければなかなか成就しない。「何かを望むなら、その事柄を寝ても覚めても、たとえどんなに状況が変わっても、ひたすら想い続けよ。そうすればたとえよこしまな思いでも叶えられる」と禅僧の道元もいっている。

世の中で悪が栄えるのも、別に天が不公平なのではなく、その悪に取り組む人間の切実さのせいである。ギリシャ神話に出てくるピグマリオンは、自分のつくった彫像があまりに美しかったので恋をしてしまい、まるで生きているようにとりあつかった。それを見た美の女神アフロディーテがその彫像を生身の女に変えてあげたので、二人は結婚できたという。極度に強い願望は奇跡をも呼ぶということである。

アメリカの自動車王ヘンリー・フォード一世が会社を設立してまもない頃、人でもモノでもアイデアでも、「欲しい!」と熱烈に思っていると、不思議にそれが手に入ったといっている。世の成功者、偉業を成し遂げた人物には、この種のエピソードが多い。

こういう話は「偶然である」とか「運がよかった」で片づけられてしまいがちだが、運の強い人というのは願望が人一倍強いのである。勝負事でも、漫然とやっていると勝てない。集中力を出して「よし、勝つぞ!」という真剣な気持ちでやると、いい結果が出る。何事も必死に取り組むことが大切だといわれるのはそのためだ。

生き方上手になるために

人一倍強い願望を持つ

Self-confidence

25

生き方上手は、

自信のタネを
自分に植えつける

生き方下手は、

自信を持つにはそれなりの
根拠が必要だと思っている

管理職になると、だんだん管理職らしくなってくる。じゃじゃ馬だった娘が結婚すると妻らしくなる。テレビにはじめて顔を出した人は、どことなく素人っぽいものだが、出続けているとサマになってくる。

人間は置かれた環境や立場で、それらしくなっていく。この習性は利用することができる。そうなる前に「なったつもりで振る舞ってみる」のである。

早く課長になりたい人は、課長のつもりになるのだ。部長になりたいなら部長のつもり、金持ちになりたいなら金持ちのつもりになる。あまり派手に他人の前でやると嫌味になるが、少なくとも自分の心の中では断固そのつもりになる。

そうすると、顔つきから立ち居振る舞いまで違ってくる。これは別に演技ではない。気持ちがそうなると、自然にそれに合った人間になっていく。不思議にそうなるから何も心配することはない。思い切って実行してみることをおすすめする。

「あんなに自信たっぷりなのは、よほど自信があるからだろう」と他人は思う。

そういう人もいないわけではないが、自信あり気に振る舞うことで、本当の自信を自分に植えつけようと必死になっている人もたくさんいる。いわば仮面をかぶっているわけだが、ずっとかぶり続けていると、それが素顔になるのだ。

実力があるのにイマイチ伸びない人に足りないのは、この振る舞いである。「俺は実力があるのにまわりが認めてくれない」と思っていると、そのようにしか振る舞えなくなる。だからその通りになる。

なかには、「他人にそんなふうに思われなくてもいいんだ」という人がいるかもしれない。だが、これは他人のためにやるのではない。自分自身の心に語りかけるためにやるのである。

自信というのは、はじめから「ある」のではなく、自分で植えつけていくものなのだ。植物のタネのように、自信のタネを自分に植えていく。そうして日々、水と肥料をやる。「俺はいつまでも○○でいるような人間ではない」。そう自分に言い聞かせる。どれも自信を育てるための農作業なのである。

自信のない人間はタネもまかないし、育てようともしない。それでは、いくら待っても永遠に自信は自分のものにならない。

もっと悪いのは「自信のないこと」に自信を持っているタイプだ。「自分はダメだ」と始終いっている人間がいるが、彼らは「ダメのタネ」をまいて育てている。得られるのは、いつもマイナスの収穫物であることに気がつかない。

世の中には、このマイナスの自信を持っている人間がけっこういる。「ダメ」とか「できない」といった否定的な言葉がすぐに口をついて出るようなタイプだ。

自信を持つならプラスの自信を持つべきである。そのためには、どんなことに対しても否定的にならないようにすることだ。

生き方上手になるために

ときには、自信あり気に振る舞ってみる

Self-confidence

26

生き方上手は、

マイナス暗示が
生じる余地を与えない

生き方下手は、

マイナス暗示に
とらわれてしまっている

カミソリを使っていて「切るぞ、切るぞ」と思っていると、本当に肌を切ってしまうことがよくある。剃《そ》ることに熱中していてカミソリの怖さなどケロッと忘れていると、そういうことは起きない。

同じようなことを、グレン・グールドというカナダの天才ピアニストが次のようにいっている。

「あるソナタの終わり近くに、とても指づかいのむずかしい箇所がある。そこに近づくと、そのことが意識にのぼってくる。『いよいよあそこだぞ。うまく弾けるかな』。で、たいてい間違える」

これはマイナス暗示のなせる業《わざ》である。マイナス暗示にとらわれると、ほとんど例外なくマイナスの結果を手に入れてしまうことになる。

「それならマイナスに考えなければいいじゃないか」。たしかにその通りなのだが、誰でも経験があるように、いったんマイナス暗示にとりつかれると、そうやすやすとそれから逃れることはできない。「意識すまい」と思えば思うほど、意識過剰になる。

では、どうしたらいいか。

グレン・グールドが奇想天外な解決策を見出《みいだ》している。

「いつも同じ箇所で間違えるのは、むずかしさを意識するからだ。そこで私はその箇所にさしかかるちょっと前で、電気掃除機をかけてもらうことにした。そうすると、突然の雑音に気を取られて、らくらく弾けてしまうのだ」

つまり、別の意識を人工的につくり出して、習慣化しかかっているマイナス暗示が生じる余地を与えないようにする。この方法は、われわれにも応用できる。つまり打ち消すのではなく、何か別のことを持ち出してきてマイナス暗示が生じる余地を与えないのだ。

ところが、性格上それができない人もいる。生真面目な人、義理堅い人、几帳面な人、そういう人が困難な状態に追い込まれると、とかくマイナス暗示のとりこになる。

「困った、困った」「どうしよう、どうしよう」。頭の中に思い浮かぶのは、悪いことばかり。そんな状態では困難な状態を乗り切る勇気もエネルギーも生まれてこない。

そういう人は、どうしたらよいのだろうか。

漫画家の里中満智子さんがよいアドバイスをしてくれている。彼女は以前、こう書いていた。

「私は小さい頃から根暗な子で、何をするにも悪い結果ばかり考えてしまうところがありました。それは今も同じですが、ある時期から、どうせなら最悪を予測してから行動しようと……。最悪を想定しておくのは、実際には最悪の結果に陥ることはめったにないからです。『考えたよりもうまくいったじゃない』と思えるぶん、いい気持ちになれます」

人間の性格はなかなか変えられない。性格は子供の頃からの育ち方や経験から形づくられるからだ。人生やり直せるならいいが、ずっと過ごしてきて身についたものは、「変えろ」「はい、わかりました」とはいかない。

だが、考え方は変えられる。

だから、自分の性格に合った考え方をすればいいのだ。里中さんが実行したのはそれである。

あなたがもしマイナス思考の持ち主なら、同じようにすればいい。最低最悪の事態を想定して物事をはじめてみるのだ。もし、その通りになっても、予想が的中したたけのことではないか。

最悪の事態を想定してみる

Self-confidence

27

生き方上手は、

長所を伸ばそうとする

生き方下手は、

欠点を直そうとする

自分の欠点をよく自覚していて、必死にそれを直そうとする人がいる。そんな人に悪人はいないが、善人だけに相手や周囲を責めずに、かえって自分を責めすぎる傾向がある。ああ、やっぱり自分が悪かった——何かことあるたびに自分を責める。そして反省を繰り返しては落ち込み、消極的になる。だが、それではクラくなるばかりで、人生を愉しく過ごすための積極性がなくなってしまう。

そこで、たとえ自分の欠点がわかっていても、もう欠点なんか直すのに汲々《きゅうきゅう》とするのはおやめなさい、といいたい。

たとえば、自分の欠点は人当たりがよくない、ぶきっちょだ。それに口下手で誤解されることもしばしばある、それらのことは自分でもよくわかっている。だがそこで、それがどうした、もうあえて自分の欠点を直すつもりはない、わかる相手はわかってくれるはずだから——などと開き直ってしまうのである。

一見、人当たりは悪いかもしれないが、本当は人のいい自分を理解しないほうが悪いと、相手のせいにしてしまう手である。そして、自分の欠点をいつも意識するより、長所をよりいっそう磨いていくことに力点を置くべきなのだ。

人とのとっつきが悪くても、面倒見がいいというのが自分の長所なら、徹底的にその長所を伸ばして、徹底的に人の面倒を見てあげればいい。

そうすれば、自然とあなたの長所にみんなの目が集まる。欠点なんかいつの間にか見えなくなってくる。とっつきが悪く、無愛想な人だけど、という短所が、今度はあなたの個性になって、「すごく人の面倒をよく見てくれる」という長所を修飾する形容詞になる。そうなれば、もうしめたもの。あなたが何をやっても、それが「個性」と映るようになる。

実際、欠点は長所と分かち難く結びついていることが多い。だから、欠点を直すと長所も消える心配がある。苦労して長所までなくすなどバカげている。

それからもう一つ、**欠点を直しても人はあまり感心してくれない。**マイナスをいくら直しても、それはゼロに近くなるだけだからだ。泳げない人間が泳げるようになっても誰も感心しない。自転車に乗れるようになっても、そんなことを自慢したら笑われるだけである。欠点の矯正にはこれとよく似た一面がある。

にもかかわらず、欠点を直すにはけっこうエネルギーがいる。時間もかかる。そのうえ、すべてうまくいくとは限らない。そんなことなら、いっそのこと自分の欠点には自分で目をつぶって長所を伸ばすほうがいい。

同じ努力でもそのほうが楽しいし、はるかに効果的である。学校では全科目よい点数をとるほうが評価される。平均点主義だからである。一科目が一〇〇点満点でも、あとが落第点ばかりではなかなか認めてもらえない。

だが社会に出たら、どれか一つ突出しているほうがいい。「これだけは人に負けない」というものを持っているほうが、どれもこれも平均点の人間よりも目立つ。しかも、何かで突出していると、他にいろいろ欠点があっても人はそれを気にしないものである。

生き方上手になるために

何か一つ突出しているものを持つ

第4章

生き方上手になれる「努力と成功の法則」

軽々とやっているのに、結果を出す人
がんばっているのに、結果が出ない人

Effective Effort

Effective Effort

28

生き方上手は、

「努力している」
と思っていない

生き方下手は、

「努力しているのに……」
と思っている

結果はともかく、努力だけは認めてください――。

部下からこういわれたとき、あなたはどう答えるだろうか。おそらく返答に窮《きゅう》するはずだ。努力を認めないとはいえない、といって、結果の出ない努力を手放しで称賛もできない。

何事かを成し遂げるには、努力がつきものだ。トーマス・エジソンは「天才とは一％のひらめきと九九％の汗」といった。汗とは労働であり努力である。また、中国古典は「驥《き》は一日にして千里なるも、駑馬《どば》も十駕《じゅうが》すれば則ち亦之に及ぶ（名馬は一日千里を走るが、駄馬だって十日続けて走れば駿馬《しゅんめ》に追いつける）」（『荀子』修身《しゅうしん》篇）と、やはり努力を高く買っている。

だいたい努力を貶《おとし》める言葉というのは、めったに聞かれないものだ。しかし現実に目を向けてみると、しゃかりきになって努力している人が、それに見合う人生の果実を手に入れているとはいえない。それどころか、のうのう、ぬくぬく、ブラブラしているように見える人間、あるいは努力のカケラも見せないでケロリとしている人間が、けっこういい目を見ていることに気がつく。

ここから世の不公平、人生の不条理を思うようではダメだ。

人が努力を高く評価するのは、結果がついてくるからである。結果の出ない努力は意味がないのだ。コツコツと努力すれば銀行預金は貯まっていく。努力すれば、した分は必ず形になって残るが、あるとき緊急の出費で使ってしまえば貯金はゼロ。それまでの努力を認めろといわれても、貯金がないものを認めるわけにはいかない。人は、その結果から逆算して努力を評価するのが常だ。

ところが、「努力は認めてほしい」という人がいる。だが、結果の出ない努力は、努力のうちに入らないのではないか。努力は量ばかりでなく質で考える必要がある。

ときには質量とも充実した必死の努力が、不幸にして実を結ばずにカラ振りに終わることもあるだろう。それでも「努力だけは認めろ」といってはならない。それでは真の努力というものが永久にわからないままで終わる。

明治時代の小説家、幸田露伴《こうだろはん》が努力について次のようにいっている（『努力論』岩波文庫）。

「努力している、もしくは努力せんとしている、ということを忘れていて、そして我が為せることがおのずからなる努力であってほしい」

これが真の努力というものだ。つまり、本物の努力は「努力」という言葉を必要としないのである。自分の努力がいとおしく思えてきたら危険信号。気持ちが弱ってきている証拠だからだ。

努力を売り物にする人間に出会ったら、とにかくマユにつばをつけてみたほうがいい。本当は大した努力などしてはいないのだから。

生き方上手になるために

努力していることを忘れる

Effective Effort

29

生き方上手は、

「ふだんは七、八分」がモットー

生き方下手は、

「何事も全力」がモットー

世の中には完全主義者という人種がいて、何事であれ、すべて完璧にしなければ気がすまない。そういう人種は結果においてどうなるかというと、たいていは怠け者になってしまうようである。

ふつうは怠け者というとものぐさを連想しがちだが、「挫折した完全主義者」であることも少なくない。もともと人間のやることに完全などあり得ない。ところが完全主義者というのは、最初からできもしないことを望んでしまうのだ。

望んでやってみるが、うまくいかない。うまくいかないと気分が悪い。それを繰り返しているうちに、消極的な人間になってしまう。だから、不完全でもいい、中途半端でもいいと考えることも非常に大切なことなのだ。

努力をして、その結果、暗礁に乗り上げたら、そこでいったんやめてみる。そうすると頭の整理ができて、また先へ進めるようになる。

「いったんやりはじめたからには、なんとしてもやり遂げねば……」というのは間違いではないが、そのような考えにこり固まってしまうと、何をやってもうまくいかなくなる。完璧なものを求めることが、かえって物事を困難にしてしまうのである。

戦国時代の武将の中で、もっとも戦《いくさ》上手だったのは武田信玄といわれている。織田信長は信玄を極度に恐れ、信玄存命中は一度も戦っていないほどだ。その信玄の勝負哲学が面白い。彼はこういっている（『甲陽軍鑑』吉田豊編・訳、徳間書店）。

「……合戦における勝敗とは、十のものならば六分か七分、敵を破れば、それで十分な勝利である（中略）。とりわけ大合戦においては、（中略）八分の勝利はすでに危険であり、九分、十分の勝利は味方が大敗を喫するもととなる」

完全主義者と正反対の考え方だ。

実際に信玄は六分、七分の勝ちをもってよしとする方針を貫き、十六歳の初陣《ういじん》から三十八年間にほとんど負けたことがなく、自分が手に入れた領地や城を敵にゆずり渡したこともなかった。

ところで、完全主義者というのは、たいてい「いつも全力主義者」でもある。しかし、いつも全力投球、全力疾走では体がもたないし、またそんなことをする必要もない。たとえば、野球で、どんなときでも三割以上の打撃成果を出しているアベレージヒッターは監督にとっては貴重な存在だが、そんな彼がいつも全力を出し切っているかといえば、実はそうでもない。バッターもベテランになると緩急をつけるコツを心得てくる。いつも全力でやっていたのではバテてしまうし、長いペナントレースの期間がもたないからだ。

長い人生でも同じこと、緩急をとりまぜた生き方をするのがコツ。若いときなら全力疾走もいいだろう。全力を出し切ったときに自分の欠点もわかるからである。足腰が弱いと思えば足腰をきたえる努力をすればいい。それが若さでもある。だが、年を経てくると足腰をいくらきたえても限界がくる。

だから、要所で全力を出すが、ふだんは七、八分の力で走る。人はいい加減だと思うかもしれないが、実はそれでいい。いつも渾身《こんしん》の力をふりしぼり、伸び切ってしまっていては、イザというとき力を発揮できないからである。

生き方上手に
なるために

「不完全＝悪」という発想をやめる

Effective Effort

30

生き方上手は、

いい想像をしようとする

生き方下手は、

強い意志を持とうとする

スピーチをするとき、「絶対あがるまい」と思うとよけいにあがる。好きな人の前で、ふつうに振る舞おうとすればするほど、動作や言葉がぎこちなくなる。そういうことがよくある。

懸命に努力しているのに、かえって結果が悪くなるのはなぜだろうか。

それは自然に反するからである。

たとえば人前でしゃべり慣れていない人は、あがって当然である、にもかかわらず「あがるまい」とする。自然の法則に逆らうから、かえって結果は悪くなる。フランスの心理学者エミール・クーエは、これを**「努力逆転の法則」**といっている。

努力はしたからといって報われるものではなく、効果があるように工夫をしなければ意味がない。

では、どのように工夫するか。

まず意志を捨てることである。「あがるまい」というのは意志だ。そのような意志を持ってもあがるのは、意志とは別に「あがる自分」を想像しているからなのだ。

クーエによれば、意志と想像が争うとき、いつも勝つのは想像であるという。だから、いくら強固な意志を持っても、心の奥底ではそれとは反対の自分を想像してしまう。そして想像のほうが勝ってしまうのである。

意志を持つことは簡単だ。「今日からタバコをやめよう」と思うのは意志である。意志を持つにいたった理由もきわめて理にかなっている。「タバコは健康によくない」「金銭的にもバカにならない」「他人を不愉快にする」「アメリカのエリートは吸わない」「やめれば家族も喜ぶ」。これだけ立派な理由があって、確固たる意志を固めれば、やめられそうなものだ。

だが、一服する自分のリラックスした姿を想像したとき、もうタバコに手がのびているのである。いくら意志を強固にしても想像にはかなわない。

他のことについても同じことがいえる。**いくら努力しても結果の出ない人は、努力する意志があることは間違いないが、想像でそれを台無しにしているのだ。**

人前であがらない最良の方法は「あがるまい」という意志を捨てることだ。あがって当然なのだから「きっとあがるだろう」でいいのである。

ただし、そのあとでこう付け加える。

「あがるけれど、きっとうまくいく」

これなら精神の緊張がほぐれるから、あがってしどろもどろになりながらも、人から好感を持たれる自分が想像できる。人生すべからく、この方式でいけばよい。

何より大切なのは想像力なのである。

よい想像ができれば、努力という言葉を使わずとも、嬉々として人一倍の努力をしている自分を発見するはずだ。

生き方上手になるために

「努力逆転の法則」があることを知る

Effective Effort

31

生き方上手は、

失敗しても
失敗したと思わない

生き方下手は、

失敗すると
すぐにあきらめてしまう

失敗の原因を突き詰めていくと、必ず突き当たるのは「失敗の受容」ということである。つまり自分自身が「もうダメだ」とあきらめたとき、その行為は失敗として確定するのだ。

失敗した人は、その原因をあれこれ挙げるが、それは付け足しみたいなもので、一番の原因は、本人がそれ以上続ける意欲（エネルギー）をなくしたことである。

失敗は受容しなければ失敗ではない。偉大な発明・発見や大事業は、誰が見ても失敗と思える状況で、その事実を受容しなかった人々によって成し遂げられたという事実を忘れるべきではない。

やっと歩けるようになった赤ちゃんは、何度も転びながら歩行のコツを覚えていく。いくら転んでも、また立ち上がる。そこには失敗の受容はない。失敗という観念がないからだ。大人から見れば失敗と思えることを、むしろ愉しんでいる。

ところが大人になると、二度、三度の失敗で「もうダメだ」「できそうもない」とあきらめてしまう。失敗をいとも簡単に受け入れてしまうのだ。

「私の過去などは、現在を成功というならまさに失敗の連続で、失敗の土台の上に現在がのっかっているようなものである」

本田技研工業の創業者、故・本田宗一郎さんの言葉である（『俺の考え』実業之日本）。

成功者とは、言い換えれば「失敗を数多く重ね、乗り越えてきた人」なのだ。このことを知らないで、若いうちから「失敗したくない」などといっている人は、決して大きな成功はつかめない。

失敗に敏感で「したくない」という気持ちの強い人は、「失敗とは何か」について改めて考え直してみる必要がある。

失敗とは何か。

それは方法論の間違いを告げるメッセージである。

船で目的地へ向かって進んでいるとき、コースをはずれることがある。それに気づくと「あっ、失敗したな」と思う。だが、この種の失敗は「間違った」ことがわかったのだから、かえってよかったことになる。もし気づかなければ、より大きな失敗につながる。それを食い止めたのだから、失敗は「プラス」なのである。

失敗には二つのケースがある。

一つは、いまの気づきのように、途中経過で起きる失敗。途中経過で起きる失敗は、どんどん気づいてそのたびに改めていけばいい。

もう一つの失敗は、失敗に気づいたとき、そこでやめてしまう場合である。

多くの人がする失敗は、この二つ目のほうだ。つまり、自分でやめることで失敗を「確定してしまう」のである。ここからわかるのは、「失敗はその人自身による」ということだ。

途中経過の失敗をいくら繰り返しても、がんばり続ければ失敗ではない。ささいな失敗でも「もうやめた」となれば、失敗は確定する。

失敗は決して心地いいものではない。それゆえ、誰もが避けようとする。だが、若いうちはむしろ「進んで失敗する」くらいでちょうどいい。早い時期に数多くの失敗をしておくほうが、後々のためになる。

一番いけないのは、一度や二度の失敗で消極的になってしまうこと。そういうクセがついてしまうと、人生の可能性はほとんど閉ざされてしまう。

成功者は失敗に強い。失敗に強いとは、失敗をプラスに受けとめることである。

生き方上手になるために

失敗をプラスに受けとめる

Effective Effort

32

生き方上手は、

短期的な目標を積み重ねる

生き方下手は、

人生の目標を持とうとする

人生をよりよく生きるには「目標を持つこと」とよくいわれる。目標がないと、糸の切れた凧《たこ》みたいに、どこへ飛んでいくかわからない。また、モチベーションという点からも「目標は絶対に必要である」といわれる。

作家の三島由紀夫はこういっている（「小説家の息子」『私の遍歴時代』ちくま文庫）。

「……空虚な目標であれ、目標をめざして努力する過程にしか人間の幸福が存在しないとすれば、（中略）苛酷な生存競争に立ちまじってゆくことを選ぶにちがいない」

また、古代ギリシャの賢人タレースは、弟子から「人生最大の喜びは何か」と問われて「目標を決め、その実現へ向かって努力することだ」と答えている。

成功者などにその秘訣を聞くと「目標の設定」と答える人が多いし、高度成長以後の日本がダメになった理由も「欧米に追いつき追い越せできて、それが達成できたとたん、目標を見失ってしまったからだ」といった言い方がよくされる。どちらを向いても「目標、目標」である。

だが、実際はどうなのか。きちんとした目標など持たなかったのに、そこそこうまくいった人生もあるのではないか。「まさか、自分の人生がこんなふうに展開するとは思わなかった。きっと運に恵まれたんだ」と振り返られるような人生である。

確固たる人生の目標を持って生き、それを達成した人間よりも、個々の場面では一生懸命にやったにしろ、とくに目標のようなものを持たないで、それなりに充実した人生を手に入れた人のほうが実際は多いのではないだろうか。

だとすれば、そう「目標、目標」といわなくてもいいような気がする。ナポレオン・ボナパルトは人類史上、まれにみる成功者の一人に数えてよいと思うが、彼がはじめから「皇帝」を目指していたとは思えない。

ナポレオンは軍事的天才である一方で、文人としても際立った才能を有していたようで、含蓄のある箴言《しんげん》をたくさん残しているが、その中の一つに次のような言葉がある（オクターヴ・オブリ編『ナポレオン言行録』大塚幸男訳、岩波文庫）。

「人は自分がどこへ行っているか知らない時ほど高く昇ることは決してない」

こちらのほうが、私には「人生の真実」のように思える。

ビル・ゲイツだってそうだ。パソコンおたくだった少年ビルが、「世界一の富豪」になることを夢見ていたはずがない。

何事かを成就するには短期的な目標は必要である。だが、目標設定とはそうした短期目標の積み重ねでよいので、「人生の目標」などという大げさなものは「必ずしも必要でない」と私は考えている。

下手に目標に縛られると、目標達成のために「手段を選ばぬ」ということも起きてくる。イギリスの古い諺《ことわざ》に「目的は手段を正当化する」というのがあるが、これは実に恐ろしいことである。

私たち人間はわざわざ目標など持たなくても、生まれてきたこと自体に意味がある。私たちは「人生を享受する」ために生まれてきた。あえて人生の目標をいうなら「生きること、それ自体が人間として全力をあげて取り組むべき人生の目標」なのだと思う。屋上屋《おくじょうおく》を架す必要はない。

生き方上手になるために

目標に縛られないようにする

Effective Effort

33

生き方上手は、

目標は複数持ち
状況に応じて変えていく

生き方下手は、

目標を一つに絞り込み
それにこだわり続ける

前項で、「人生の目標」といった大げさなものは必ずしも必要ではない、と述べた。ただ、なかには「かりにでも目標を立てないと不安で……」という人もいるだろう。

では、そういう人の目標は一つがいいのか、あるいは二つも三つもあったほうがいいのか。実際に目標がいくつもあって困る人もいるはずだ。

一般的には一つの目標に絞り込んで、それに専念すべきだと考えられる。イギリスの著述家サミュエル・スマイルズも、偉人の例を挙げながら、一つに専心して取り組むことが成功の秘訣であると説いている。

だが目標は一つでなければならないかといえば、いくつあってもいい。むしろたった一つというよりも、同じような道筋にいくつかあるのがより好ましい。

たとえば、青年が医者になるという目標を立てたとする。医者になるには医学部に入学する、国家試験に通るという絶対的な関門がある。その目標に向かって努力をはじめたが、不幸にして父親に先立たれ、経済的に苦しくなってしまった。

このようなとき、早くも挫折を感じる人もいるだろう。なかには、ふてくされて人生を棒にふってしまう人もいるかもしれない。「自分の唯一の夢は破れた。もう人生は灰色だ」。これは目標が一つしかないことによる欠陥である。

だが、医学部を目指して勉強するようなタイプは優秀だし、また勉強する意欲もある。その長所を利用して、同じ国家試験でも司法試験を受けるのはどうか。医者と弁護士なら、どちらも人を救う社会のエリートだ。「絶対にこれだけ」という目標の立て方はよほど注意しないと、物理的に不可能になる場合があるからだ。

目標が複数のメリットは三つある。第一は、複数の目標すべてに挫折することは少ないので、いたずらにマイナスの自己暗示にかからないですむ。第二に、それが人間の自然な姿である。**人間はあれもしたい、これもしたいと思う動物だからだ。**第三に、複数あれば精神的な余裕が出てくるので、自分の一番よい面が出てきて目標が達成しやすい。

したがって、目標はあまりターゲットを絞り切らないほうがいい。私自身、マスコミ関係の仕事に入ったが、最初は新聞記者になろうと思っていたわけではない。取材して、原稿を書き、それが人の目にふれ、何らかの形で人を触発することができる仕事をしたいと、漠然とマスコミ関係を志していたところ、たまたま人の紹介で新聞記者になるきっかけをつかんだだけである。最初から、どうしても新聞記者になりたいと、頑に考えていたらどうだったろうか。

ターゲットを狭めてしまったために、新聞記者なら業界新聞でもいいというふうに考えるかもしれない。一般紙の記者になれないからといって、まず業界紙の記者になっていたらどうか。たとえば、株なら株式業界のことにはくわしくなっても、最初の新聞記者になりたいと思っていた頃のイメージとは、だいぶかけ離れたものになっていたはずである。

だから何につけても**目標は大まかでいい。あまり絞り切るとそのことに振り回されてしまうからだ。**そして、人生経験を経るに従って、その目標がまた変わっていくことも十分ありうる。人生行路なんて、そんなに堅苦しく考える必要はないのである。

目標は大まかに立てる

Effective Effort

34

生き方上手は、

大きな望みは「細分化」して実現する

生き方下手は、

大きな望みを実現するコツを知らない

人が望みを持つには二つの考え方がある。一つは「できもしない大きな望みは抱くべきでない」というもの。もう一つは「望みは大きければ大きいほどいい」というものだ。どちらがいいか。これは大きい望みのほうが断然いい。

人間の能力は限界への挑戦によって高められるからだ。自分がやすやすとできることばかりしていては、人は進歩しない。また、**人間は自分にとって実現不可能な望みは絶対に抱かない。どんなに大きいことを望んでも、案外、それは実現可能なことなのである。**

これは意外に見逃されている点だ。たとえば、日本人が「アメリカ合衆国大統領になる」などという望みは抱かない。新入社員はその会社の「社長になってやる」と思うかもしれないが、定年目前の課長はそんな望みは持たない。プロ野球選手との結婚に憧れる女性はいても、皇族の妃になりたいとは思わない。

人類史上に残る偉大な発明・発見など、その当時の常識から見たらみんな「あり得ないこと」ばかりだ。自分が心の底から「そうしたい」と思うことは大切にしたほうがいい。どんなに困難に見えても決して不可能ではない。

日本人は、とかく大言《たいげん》壮語を嫌う。「あの人は大きなことばかりいっている」

というのは決してほめ言葉ではない。しかし、一人の人間の持つ可能性というものは、本人や周囲の人間が考えているほど小さなものではない。その人の頭の中で想像しえたことは、すべて実現可能なのである。だから望みはできるだけデカいほうがいい。

では次に、その大きな望みを実現していくにはどうすればいいか。

最大の秘訣は「大きなことは細分化して考える」ことだ。サラリーマンが住宅を購入するときはほとんどローンである。現金でポンとは買えないが、細かく分割するから数千万円の住宅を手に入れることができる。こんなことは当たり前で誰も改めて考え直そうとしないが、分割払いが可能になってはじめて大衆消費社会が到来したといっていい。

この発想をわれわれの生き方にも取り入れてみたらいかがか。自分の給料から考えて目の玉の飛び出るような金額の住宅を平気で買うのに、ちょっと困難な問題に出合うと「とても自分の手には負えない」とあきらめてしまっていないだろうか。

細分化して考えることには二つのプラスがある。第一に、相当大きなことでも

「できる」という自信が湧いてくることだ。たとえば、道端に重さ一トンの石がある。それを一人で取り除けといわれたら、誰だって「できない」と思うはずだ。だが、その石を砕いてカケラにしてしまえば、子供にだって取り除くことはできる。

第二のプラスは、方法論が浮かんでくることだ。「できない」と思ったら方法論など浮かばないが、「できる」ことを前提に細分化を考えれば、そこにおのずと方法論が生まれてくる。五〇〇〇万円の家をポンとは買えないが、「月々一〇万円、ボーナス時三〇万円の返済ですよ」などといわれれば、どうすればいいか見通しがついてくる。

生き方上手になるために

とにかくまず細分化してみる

Effective Effort

35

生き方上手は、

時代の流れに乗ることは「成功の要諦」と考えている

生き方下手は、

時代の流れに乗るなんて「情けない」と考えている

人生をうまく生きていくうえでの鉄則の一つが、時代の流れに乗ることだ。

「そんなの情けない」と思う向きもあるだろうが、その考え方は甘い。時勢に逆らうことは、誰にもできないのである。

それよりも大切なのは、時代の趨勢《すうせい》を読みとることのほうである。流れというものは、いつも同じ方向へ流れているわけではない。曲がりくねったり、渦《うず》を巻いたり、ときには逆方向へ行く流れもある。それをすべて読み切って、全体の流れる方向へと自分の身を委《ゆだ》ねるのがベストである。

以前に必要があって、ＩＴベンチャーで大きな成功を収めている起業家たちの経歴を調べてみたことがある。そのとき、意外だったのは、はじめからビジネスに高い志とか確固たる信念を持って取り組んだ人は、例外といっていいくらい少なかったことだ。

むしろ時代の流れに逆らわず、「面白そうだ」「あればみんな助かる」といった軽いノリで関わって、いってみれば「できちゃった結婚」みたいに成功を勝ち取っていた。船が流れに乗れば省エネできるように、時代の流れに逆らわなければ、大した苦労もしないで、自分の夢や目標を達成できるということだろう。

ただ、注意しなければならないことが一つある。それは、流れは急に変わることがあるということ。かつてITバブルは急速に進展したが、突然弾けた。不動産バブルも同じだった。時代の流れの表層で流行する性質のビジネスは、盛衰《せいすい》が激しいところに怖さがある。

そういうときは、どうしたらいいか。あるIT起業家が信条にしているのは次の二つ。

「いいときに悪いときの準備をし、悪いときに次に来るよいときの準備をする」

「悪い予測は過大に、よい予測は過小に見積もる」

これさえわきまえていれば、大きなケガをすることなく、時代の流れに乗っていけるという。自分が何をしていいかわからないで困っている人は、むずかしく考えないで、とりあえず時代の流れに乗ることを考えてみてはどうだろう。

生き方上手になるために

時代の流れには逆らわない

第5章

生き方上手になれる「逆境・スランプ克服術」

逆境でも、毎日ワクワク生きている人
順風でも、毎日ビクビク生きている人

Handle Adversity

Handle Adversity

36

生き方上手は、

ピンチのときは武者震いし
チャンスのときは用心する

生き方下手は、

ピンチのときは狼狽《ろうばい》し
チャンスのときは慢心する

ピンチの裏にチャンスあり――とよくいわれるが、実際ピンチになったとき、なかなかそうは思えない。それはピンチとチャンスの性質をよく知らないからである。ピンチとチャンスはふつう正反対のものと考えられているが、よく観察してみると、それはむしろひと続きのものであることに気がつくはずだ。

たとえば、織田信長が桶狭間《おけはざま》で今川義元を破ったことなど、その好例である。あのピンチに遭遇しなければ、戦国時代を終わらせる偉業を成し遂げた織田信長はなかっただろう。ピンチが好ましいのは、そこから脱しようと必死に考えるからだ。それが次のチャンスをつくり出す大きな要因になる。

逆に、チャンスはピンチを生む。**「人間は得意になっているときに没落の芽を育て、窮地にいるときに躍進の芽を育てる」**といわれるゆえんだ。だから、ピンチになったら欣喜雀躍《きんきじゃくやく》して次にくるチャンスに備えなければならない。

何事かに成功した人間で、ピンチに出合わなかった人など一人もいない。だがそのピンチを切り抜けた人よりも、負けてしまった人のほうがはるかに多いだろう。このことが多くの人の気持ちを萎《な》えさせる。

「元気づけてくれるのはありがたいが、こんなピンチはとても乗り切れない」

だが、ピンチになったときの対処策はただ一つ。それは「切り抜けられる」と思うことに尽きる。といって、なかなか単純に「そうか」とは信じてもらえないだろうから、次に勇気の出る考え方を紹介しよう。

いかなるピンチも切り抜けられる考え方とは何か。

それは、どんな事柄も自分にとって分相応にやってくるということだ。ある人が直面する問題は、その人にふさわしい。数十万円で苦労している人に、数億円のピンチは訪れない。ということは、その人に解決できるということなのだ。

一つ覚えておくと便利な法則がある。**「自分の身に降りかかる問題は、つねに自分で解決できる範囲内である」**という法則だ。これを知っていれば、どんな境遇でも人生を愉しめるのではないか。

それは、こうもいえる。結婚すれば離婚問題に遭遇する可能性が出てくる。しかし結婚していない人間には、そういう悩みは訪れようがない。会社を経営すれば、資金繰りの悩みを抱えるが、勤めているヒラ社員には関係ない。自分で抱えきれない問題などやってこないのだ。

だが、たいていの人はそうは思わない。すぐに「これはダメだ」と思い込んでしまう。それでは、いい知恵も乗り切る勇気も生まれてこない。

「人間はその身に降りかかる出来事よりも、それをどう考えるかによって傷つくことが多い」

これはフランスの思想家ミシェル・ド・モンテーニュの言葉である。

ピンチもその中身より、どう考えるかで決まる。ピンチはチャンスの前兆なのだ。

生き方上手になるために

「分不相応なピンチは訪れない」と知る

Handle Adversity

37

生き方上手は、

幸運のときも不運のときも
できるだけ心を一定に保つ

生き方下手は、

幸運のときは舞い上がり
不運のときは落ち込む

ゴルフでホールインワンを出したあとは、かえって大叩きするケースが多い。ホールインワンは大変な幸運だが、そういうよい運に恵まれると、心の状態が平静ではなくなるからだろう。もちろん不運のときも平静ではなくなるが、その後にどちらがよい結果になるかというと、不運のときのほうがよいのだ。

このあたりの機微について、あるプロゴルファーがテレビの解説で面白いことをいっていた。ある選手が一五メートルのロングパットを入れてバーディーをとり、トップとの差は一打になった。

問題は、そのロングパットである。テレビの解説をしていたそのプロゴルファーは、「狙って入れたバーディーパットではないと思います。一五メートルもあったら、たとえ狙ったとしても、その通りに打てるものではない。狙うには狙ったでしょうが、アバウトだったはず」という。

それが入ってしまった。その選手が「ツイてるぞ」と思ったことは想像に難くない。ところが、その後ガタガタと崩れて、結局は優勝どころか、もっと大きく離されてしまった。こういうことは往々にしてあることだ。「好事魔《こうじま》多し」というやつである。

なぜ、こういうことになるのか。何かの偶然ですごいプレーができると、興奮して舞い上がってしまう。すると気持ちがオーバーヒートして、自分を制御できなくなるのだそうだ。

このことから運への対処の仕方がわかる。**幸運に恵まれるにしろ、不運に見舞われるにしろ、一番大切なことは、その直後の心理状態**だということ。

幸運に恵まれたときは、なるべく気持ちを抑制したほうがいい。飛び上がって喜んだりせずに、「ああ、そう」と何気《なにげ》ない態度をとるのがよい。なぜなら、いったんうれしい気持ちに火をつけてしまうと、パーッと燃え上がってしまうからだ。

不運の場合もこれはまったく同じ。何か不運なことが生じたとき、「大変だ」とか「なんてツイてないんだ」と大げさに考えないで、そのままの事実として受けとめたほうがいい。「それがどうした」と思うくらいでいいのだ。

中国ではこのことを「成名毎在窮苦日　敗事多因得志時（名を成す要因は必ず苦しいときに芽生え、失敗する原因は得意になっているときに生じる）」（陳継儒『小窓幽記』）といっている。

ひどい苦境《くきょう》にあるようなときは、その状態こそが「幸運のはじまり」と確信するのである。実際に、幸運は「私は幸運の女神ですよ」といったわかりやすい形で姿をあらわすことはめったにない。むしろ不運のような顔をしてあらわれて、その人間を試している。昔話や民話の類には、そういう話がいっぱいあるではないか。

「わらしべ長者」が最初に手に入れたのは、一本のワラである。ツキを手に入れたければ、子供の頃に読んだ昔話でも読んでみること。ヒントが山ほど見つかるはずだ。

生き方上手になるために

ピンチは「幸運のはじまり」と信じる

Handle Adversity

38

生き方上手は、

少し遠くを見ながら目先のことも考えている

生き方下手は、

目先のことばかり考えている

高速道路で車を運転するときは、一〇〇メートルくらい先を見るのがコツだという。このくらいの距離に視線を置いておくと、全体を見ながら目先の変化も察知できるからである。

人生にも同じことがいえるのではないか。

いま起こっている目先のことばかり考えていると、どうしても思考が近視眼的になってしまう。たとえば、リストラされそうだったとする。そのことだけに意識を集中させていたら人生の一大事に思えてくる。

そうすると心も体も縮《ちぢ》こまってしまい、やることなすことうまくいかず、本当にリストラされてしまうかもしれない。

フランスの警句家アランは、**精神の健康のためには「遠くを見よ」**とすすめている。目先の事柄に拘泥《こうでい》するのは人間の精神を不健康にするというのだ。

人から相談を受けたとき、思わず「なんで、そんなささいなことを問題にしているのか」とあきれることがあるが、本人はすごく真剣に悩んでいる。

自分のことになると、他人から見ておかしくなるほどささいなことにこだわりを見せるのが人間の常だ。その意味では人のことを笑ってばかりいられない。

だからこそ「遠くを見る」ことが大切になってくる。

私の知り合いに天体観測が趣味の男がいた。自分の家に立派な観測部屋までつくっていた。親の家業を継いでいた男だが、先代が道楽者だったため本人はいつも資金繰りで苦しんでいた。

だが、彼自身はそんな気配を微塵《みじん》も感じさせない。穏やかで、善良で、人に優しい性格だった。彼の素晴らしい人間性は、星座という遠くのものを見ることで培《つちか》われたに違いない。

生き方上手になるために

遠くを見るクセをつける

Handle Adversity

39

生き方上手は、

占いは、自分に都合のよいことしか信じない

生き方下手は、

占いは、自分に都合の悪いことばかり気にする

感情というものは、とかく扱いにくい。他人もそうだが自分の感情すらなかなかうまくコントロールできない。まさに暴れ馬のようなもの。感情の暴発で人生を棒にふった人間は数え切れないだろう。

いかに感情が勝手なものか。コリン・ウィルソンというイギリスの作家が次のような例を挙げている。空を見上げる。どんより曇っている。もうそれだけで何となく不快になる。バスに乗ろうとしたら、タッチの差で乗り損なう。そうすると「今日はツイてないな」とイヤな気分になる。だが、空が晴れていてバスにちゃんと乗れたとしても、そのことを「ありがたい」とは思わない。なぜなら、それは当たり前のことだからである。

このように感情は勝手気ままなものだが、われわれは理性よりも感情に支配されることが想像以上に多い。理性でかろうじて何気なく振る舞っていても、内心は感情に振り回されているということがよくある。もし感情を意のままにコントロールできたら、それだけで人格者にも有能の士にも愛すべき人物にでも、何にでもなれるだろう。

たった一つ、**感情をうまくコントロールする方法がある。それは自分に都合の**

よいことだけを信じる人間になることだ。かなり勝手な性格といえるが、これが感情という魔物を制御するもっとも有効な方法なのである。

占いをしてもらって「自分に都合のいいことだけしか信じない」という人がいるが、これはまさしく正解なのである。人からいわれたことでも、自分にとって都合のいいことだったら、「そうだろう、そうだろう」と信じてしまえばいい。イヤなこと、不都合なことだったら耳を貸さない。聞き流してしまうのだ。

自分にとって都合のよいことは、感情の源泉である心にとって栄養豊富なご馳走のようなもの。反対に、都合の悪いことは消化不良や食中毒を起こす。だから食べないに限るのだ。感情をうまくコントロールできてはじめて理性の正しい判断が生まれるようになる。この逆をやるとストレスがたまって病気になる。世の中を明るく楽しげに渡っている人間は、こういう心理操作がうまい。抱えている現実など誰も五十歩百歩なのである。

生き方上手になるために

自分で自分を心理操作する

Handle Adversity

40

生き方上手は、

自分が落ち込んだときこそ他人に親切にする

生き方下手は、

自分が落ち込むと他人のことを気遣えなくなる

落ち込んだとき、多くの人がとる行動は、よりいっそう落ち込むようなことばかりである。

スポーツ競技を見ていると、それがよくわかる。ちょっとしたミスで、それまで優勢だった側がガタガタと崩れていく。ショックから立ち直れないのである。

逆に決定的に不利だったほうが、相手のミスをきっかけに、見違えるような反撃に転じることがある。そうなると、もう勢いが止まらない。あれよあれよという間に逆転勝ちしたりする。

人生も同じである。栄光に包まれた立場と尾羽《おは》打ち枯らした境遇とは、行動と心理において極端に表面にはあらわれない。ちょっとした行い、気の持ち方で、結果は雲泥の差にもなってくるのである。

物事には循環性があるから、一つある輪に巻き込まれると、しばらくはその方向へと引っ張られていく。

海で泳いでいて潮に巻き込まれたときがそうだ。いくらバタバタもがいても岸からどんどん離されていく。それであせって岸へ向かって泳ぎ続け、力尽きて溺れてしまうのだ。そんなときは、無理に泳ごうとせず浮くことに専念して助けを呼ぶとか、岸と平行に泳いで離岸流から抜け出すようにする。離岸流の脇には岸に向かう流れがあり、この流れに乗って岸に向かって泳ぐようにするものなのだ。

落ち込んだときに立ち直るコツ、それは何か一つ「いいこと」をしてみることだ。乗物の中でお年寄りに席をゆずってあげることでもいい。何か一つ「ああ、今日はいいことしたな」と思えることをすると、不思議と気分が明るくなる。

落ち込んでいるときの人間というのは、ものすごい疎外感や孤独感に襲われていることが多い。

「この世の中で自分くらい不運な人間はいないのではないか」

こんな気持ちになりやすい。街を歩いていると、通りすがりの人がみんな幸せそうに見えて、ますます疎外感を深めていくことになる。

そういうとき**人に親切にしてあげると、自分が社会復帰したような、みんなから「お帰り」といわれたような穏やかな気分になれる。**

何かイヤなことがあったとき、人は気分転換を考えるが、同じするならできるだけ人のためになることをやるべきだ。

落ち込んだとき、ふつうは逆をやる。ヤケ酒を飲む。衝動買いをする。人に当たる。これらは甘え以外の何物でもない。自分はいまイヤな気分だから、少々の迷惑はきっと許してくれる、と本人は思っているのだ。

だが、世間はそう甘くないから、よけいイヤな気分にさせられて、事態をもっと悪くする。刑務所には、そういうプロセスを踏んだ人たちがいっぱいいるではないか。

生き方上手になるために

落ち込んだら何か一ついいことをする

Handle Adversity

41

生き方上手は、

悩みと上手につきあう

生き方下手は、

悩みから解放されたいと思う

悩みとひと口にいっても、いろいろな悩みがある。

悩むことはだいたいがイヤなものだが、なかにはうれしい悩みというものもある。二人の男性からプロポーズされ、「どっちの彼にしようかな」などというのはうれしい悩みだろう。

お金がないのも悩みだが、どうやって税金を少なくしようかというのも、けっこう深刻な悩みであるらしい。大金持ちを見ていると、四六時中《しろくじちゅう》そういう悩みを抱えているように見え、「人それぞれ大変なんだなあ」と思う。

悩みには、人を成長させる悩みと、ほとんど無意味な悩みがある。どうせ悩むなら、自分を成長させるような悩みで悩みたいものだ。

人は悩みを抱えると、その性質上、すぐそこに落ち込んでしまうクセがある。そういうとき、「これははたして悩むに値するものだろうか」と思い返してみることも意外に大切なのではないか。

思春期や青年時代は、大人が見たらくだらないと思うようなことで悩む。だが、そういう悩みこそ人間を成長させるのだ。というより、本来悩みとは、実にくだらない、一見無意味としか思えないようなことにこそ悩み甲斐があるともいえる。

たとえば大学進学問題で悩む。自分は医学部に進学したいのだが、学力からいってちょっと厳しい。歯学部なら何とかなる。それで無理しないで歯学部にするか、それとも一年浪人して医学部に挑戦するか。こういう悩みは大いに悩んだほうがいい。

そのときはつらいだろうが、先へ行って結果よりも悩んだことが必ず生きてくる。なぜなら、こういう悩みこそが成長できる悩みだからである。「大学ならどこでもいい」と思えば、こういう悩みは起きてこない。だが、そういう人間は、大学へ行ったこと自体が大した意味を持たなくなる可能性が大きいのだ。

豊かな社会になれば悩みは減るかというと、中身が変わるだけで悩みそのものは減ることがない。

お金がないときはないことが悩みだが、儲かれば税金が悩みとなる。女性にモテないのも悩みだが、モテすぎれば恋の鞘当《さやあ》てといった別の悩みが間違いなく発生する。生きているかぎり悩みの絶対量は変わらない。

だから、悩みから解放されようなどとは思わず、悩みと上手につきあったほうがいい。「自分は悩まない」と自慢げにいう人がときどきいるが、それはたぶん嘘である。もし本当なら単なるバカ者である。

「すぐれた魂ほど、大きく悩む」といったのは作家の坂口安吾《あんご》だ（「太宰治情死考」『坂口安吾全集7』筑摩書房）。悩んでいるうちは人間キレることはない。

生き方上手になるために

「これは悩むに値するか」と自問自答する

Handle Adversity

42

生き方上手は、

ツキのある人間とつきあう

生き方下手は、

似たような境遇の人間とつきあう

世の中にはツキに恵まれやすい人と恵まれにくい人がいる。この差はどこからくるか。このことに関して作家の林真理子さんが以前、面白いことをいっていた。ある占い師から、こういわれたというのだ。

「ハヤシさん、いいことっていうのは、いいときにしか起こらないんですよ、悪いことが起こっているときに、いいことはありません」

まるで禅問答《ぜんもんどう》のようだが、これはツキの本質を見事にいい当てた言葉である。「いいこと」が起こるのは「いいとき」であるといわれては、夢も希望もないと思われるだろうか。そんなことはない。「いいこと」がなくても「いいとき」はつくれるからだ。

では、どうやってつくるか。これはそのときの置かれた状況によって異なってくる。すべてがまあまあ順調に運んでいて、これといった悩みや問題点を抱えていないときは、その状態に感謝して、すべてを前向きに考えることだ。そうすればツキは自然に巡ってくる。

逆に、現状がひどいわけではないが、停滞していて何事も活発に動かないときは、ふだん自分がめったにしないこと、いわゆる非日常的な行動をしてみることだ。これは何も大げさなことではない。毎日歩く道順を変えてみるとか、めったに着ない服を着てみるとか、しばらく会っていない人に会ってみるといったことである。

もう一つツキを呼び込む奥の手がある。ツキのある人間とつきあうことだ。**人間関係にはいつも「類友の法則」が働く。**「類は友を呼ぶ」だ。似た境遇、性格の人間は寄り集まってくるのである。酒飲みには酒飲みの友人が多く、ギャンブル好きにはギャンブル愛好者の仲間が多い。グルメはグルメの友を持つ。この法則通りにいくと、ツキのある人間の周囲には、同じようにツキ人間が多いことになる。

これではツキのない人間は、なかなかツキのある人間とはつきあえない。つきあうためには、マイナスに働いている類友の法則を打破するしかない。

これを見事にやってのけた男がいる。世界一の富豪として名高い、ロスチャイルド財閥の創始者である初代ロスチャイルドだ。

彼はドイツのユダヤ人居住地で生まれた貧しい古着商の息子だった。そのままいけば古着商で一生を終わっただろう。ある日、彼は古銭商をはじめた。当時、古銭収集の趣味を持つのは、貴族の金持ちだけだった。彼はそこに目をつけたのだ。

古銭を通じて貴族たちと交流できるようになると、次に貴族相手に金貸しをはじめた。そのつきあいを通じて、彼は貴重な情報を入手できるようになり、次第に頭角をあらわして大富豪にのしあがったのだ。

類友の法則はよいときはよいほうへ働くが、悪いときは悪い方向へ向かう。自分が悪い状態にあるときは、意識して似たような境遇の仲間とのつきあいは避け、逆の境遇の人とつきあうように心がけることである。

生き方上手になるために

ツキのない人間とのつきあいを避ける

Handle Adversity

43

生き方上手は、

楽観的に努力を放棄する

生き方下手は、

悲観的に問題に執着する

開き直るのは「よくない」とされている。だが、にっちもさっちもいかなくなったときは、思い切って開き直るのが一番よい。開き直ってみると、いままで決して見えなかったものが忽然《こつぜん》と見えてくることがある。

難問を抱えたとき、われわれの思考は非常に狭まる。同じところを行ったり来たりしている。「解決するのがむずかしい」という気持ちが精神を硬直させるからだろう。人間、固くなったり、あがったりすると、ふだんの実力すら出せない。それと同じことが思考にも起こってくる。

どんなに考えても、いい考えが浮かばない。浮かばないのにまたクヨクヨと考え続ける。たとえば明日、借金を返済しなければならない。だが返すアテがない。そうすると「どうしようか」と考えあぐねる。夜も眠れなくなる。

しかし、いくら考えてもダメなものはダメ。それならそういう視点からは考えるのをやめたほうがいい。「えい、ままよ。どうにでもなれ！」。これが開き直りである。一見、無責任に見えるが、決して無責任ではない。不可能なことを考えてもムダだからやめるだけの話である。考えれば解決するようなことではないからだ。

生真面目な人ほどストレスがたまりやすく、また生活習慣病になる確率が高いといわれるのは、開き直りができないからだ。開き直りは精神のガス抜きである。ガス抜きができないと、たまりにたまっていずれ爆発する。爆発したら問題の解決もできないし、自分も傷つく。

人生をうまく生きている人というのは、人の知らないところでけっこうガス抜きをしている。頭を抱えて悩むより、ときには開き直ったほうが、よい結果を導くことを経験的に知っているからである。

「ジタバタしても仕方がない。まあ、なるようになるさ」。大切なのはこの先である。「まあ、なるようになるさ」のあとを決して悲観的に考えないこと。「楽観的に努力を放棄したとき、精神の再活性化現象が必ず生じる」とアメリカの美容外科医マクスウェル・マルツもいっている。開き直りが元気を出させるのだ。この元気ということが、とても大きいのである。

生き方上手になるために

手に余る問題の前では開き直る

第6章

生き方上手になれる「人生・愉しみの見つけ方」

どんな状況でも、愉しく生きられる人
恵まれた境遇でも、毎日がつまらない人

Pleasures of Life

Pleasures of Life

44

生き方上手は、

一見、怠け者のようで
実は勤勉である

生き方下手は、

一見、勤勉のようで
実は怠け者である

あなたは毎日をワクワクいきいき過ごしているだろうか。

置かれた境遇や環境はさまざまでも、ワクワクいきいきしていれば人生は愉しい。逆に、どんなに客観的条件に恵まれてもワクワクいきいきでなければ人生は面白くも何ともない。

この差はどこから出てくるか。案外つまらないことが原因になっているものだ。

その一つに怠惰《たいだ》がある。潑剌《はつらつ》と生きるためには怠惰は敵である。「一時の懈怠《けだい》、すなわち一生の懈怠となる（一時の怠惰は一生の怠惰になる）」と兼好法師はいっているが、まったくその通りだ（『徒然草』第百八十八段、『新編 日本古典文学全集44』永積安明ほか校注・訳、小学館）。

何かの拍子にやっていることが億劫《おっくう》になると、それが習慣になってズルズルと引き込まれていってしまう。

怠惰の怖いところは、一見すると怠惰とは無縁と思われる人の心にも巣食っていることである。会社でバリバリ働いている人の中にも怠け者がいるのだ。

定年退職して「何もすることがない」と嘆く人がよくいる。現役時代、バリバりだった人ほどやることがなくなると苦痛を感じるという。だが、本当にそうなのだろうか。

たしかに現役時代はよく働いたかもしれないが、それは「働いた」ではなく「働かされていた」ではなかったか。こういう自己点検もときにしてみるといい。

自発的に働くクセがついていれば、定年後も自発的に何かをはじめるだろう。あるいはヒマを積極的に愉しむかもしれない。どちらに転んでも退屈がったりしない。

はじめからものぐさな人間は論外だが、自分は勤勉で怠け者の正反対だと思っている人間に、案外怠け者が多い。「毎日がつまらない」と思う人は、自分の怠惰が原因ではないかと疑ってみるべきだ。

怠惰か怠惰でないかを見分ける方法は二つある。

一つは「どうせ」という言葉を多用しているか否か。言葉として、あるいは内心で「どうせ」を多用しているなら、かなり怠け者だと判断していい。その態度でずいぶん得られるものを失っているはずである。

もう一つは「言い訳が多いか少ないか」である。言い訳の多い人は、まず間違いなく怠け者である。怠け者は自分の怠惰を隠すために、あるいは正当化するために、ありとあらゆる言葉を動員するのである。

毎日を新鮮に生きたかったら「どうせ」という言葉を使うことと「言い訳」をすぐやめること。

実際よく観察してみると、口に出す言葉という言葉、そのすべてを言い訳にしか使っていない人がけっこういる。

そういう人に共通して見られる際立った特徴が一つある。それは「他人のせいにするのがすこぶるうまい」ということだ。

何でも他人のせいにしていたら一生浮かばれない。

生き方上手になるために

「どうせ」と「言い訳」をやめる

Pleasures of Life

45

生き方上手は、

一点豪華主義で
すごい贅沢を経験する

生き方下手は、

贅沢をしないので
人間のレベルが上がらない

成金の成功者が自宅を公開したり、自らの金銭哲学を語るテレビ番組がよくある。見ていてイヤな感じがするのは、インタビューする側が「これいくらですか?」とお金のことばかり聞くからだ。その人物が薄っぺらに見えて仕方がない。

だが、これは制作するテレビ側の責任だろう。何かですぐれた部分があったからお金持ちになれたので、当人もお金のことばかり聞かれるのはたぶん本意ではないはずだ。

人間、二十歳を過ぎたら、何か一つでいいから「すごい贅沢」を経験しておく必要があると思う。「一点豪華主義」という言葉があるが、そういえるものを持っておくと、きっと将来役に立つはずだ。

贅沢は人間のレベルを上げる。たとえば月に一度、無理をしてでもフランス料理のフルコースを食べる習慣を長年続けていれば、どこに出てもマナー的に恥ずかしくない立派なグルメになれるだろう。そして、そのことはその人の品性を高め、人間的にも成長させるに違いない。たかが料理でなぜそのようなことが起きるのか。最高の贅沢とは「最高の文化」にほかならないからである。

よい絵を一枚持って毎日ながめているだけで、美的感性は磨かれる。ワインでも靴でも何でもいい。ブランド品の買い漁《あさ》りではなく、自分が本当に好きになって「通」の域に達することができれば、自然に自分が磨かれるのだ。

贅沢に関して学術的興味を抱いたイギリスの作家ピーター・メイルが、世界の富豪の日常生活に潜入し、四年がかりでその暮らしぶりと贅沢哲学を克明に取材した『贅沢の探求』（小梨直訳、河出書房新社）という本がある。

そこには、大金持ちの破天荒な贅沢ぶりが記録されている。

金持ちではない著者が、企画した出版社の豊富な取材費（奇特な出版社である）を使って、桁外《けたはず》れの大金持ちと親交を重ねながら、最終的に得た贅沢への結論とは次のようなものである。

・贅沢をしたいという気持ち、これはどうやらたいていの人間が生まれながらにして持っている本能のようなものらしい。

・……金持ちたちの世界で一生暮らしたいとは思わなくなる。とはいえ、（中略）たしかに素晴らしい贅沢がある（中略）。みずからを慰め、厄介な毎日をのりきるためのちょっとした楽しみが彼ら（金持ちたち）にはあるのだ。

・彼らに贅沢を提供する芸術家たち、職人たち（中略）も、みな生き生きと仕事をしていた。（中略）それほどの才能の持ち主が手間暇かけて造ったものにしては安すぎる、と感じたことも一度や二度ではない。

・……たまに贅沢をしなくて、何の生きている甲斐があるだろう。

ふつうの人に比べれば、あらゆる贅沢に関して桁違いに蘊蓄《うんちく》を持つ著者のこれらの指摘は、平凡なようだが贅沢の本質を見事に語っている。

私たちも「一点豪華主義」によって贅沢の真髄《しんずい》に近づくことはできる。一つの人生哲学を身につけるだろう。やってみる価値はある。

生き方上手になるために

分不相応な贅沢体験を一つは持つ

Pleasures of Life

46

生き方上手は、

五感をフル活用している

生き方下手は、

視覚、聴覚ばかり使っている

視覚、聴覚、嗅覚、味覚、触覚の五感が人間には与えられている。生きるためには、どれも必要なものばかりだ。だが文明を創造できる人間は、五感の代用品を次々と発明して活用する一方で、自然に備わっている五感をどんどん摩滅させてきた。それがいま、来るところまで来た感がある。

視覚と聴覚はまだよく使っているほうだが、嗅覚、味覚、触覚は特別な用途にしか使わなくなってしまった。

たとえば、人の話を聞いて「何となく臭い」と感じるとか、人の容貌や仕草から出てくる味といったものへの感覚が鈍くなっている。

味覚は料理の味ばかりではない。味覚を持つから「味わい」が理解でき、嗅覚を持つから「匂い」を察知することができる。触覚があるから、柔肌《やわはだ》にもゾクゾクするのである。そういう形で五感をフル活用すると、人生がいきいきしてくるはずだ。

『香水』（パトリック・ジュースキント著、池内紀訳、文藝春秋）という無類に面白い小説がある。主人公は超人的な嗅覚の天才。犬どころの話ではない。あらゆるモノを匂いによってかぎ分け記憶できるのだ。

われわれは人を識別するとき、ふつう視覚で記憶する。顔を見てA君、B君を区別する。もし視覚が失われれば聴覚に頼るようになるだろう。

先の小説の男は目も耳も達者だが、本当はどちらも必要としない。一度匂いで記憶すれば忘れることがないからだ。

私はこの小説を読んで不思議な気持ちになった。それほど鋭い嗅覚を所有したら、世界はどのように感じられるのか。私は子供の頃に読んだヘレン・ケラーの伝記を思い出した。

聴覚と視覚を失った彼女は触覚によって物質を覚えていった。水にふれることで水という物質を知り、それが「WATER」であることをてのひらの触覚で記憶していったのだ。嗅覚と触覚によっても世界を立派に認知できるのである。

しかし、現実には大部分の人たちは五感を十分に活用しているとはいえないのではないか。

もっと五感を働かせるようにすれば、いま見えないものが見え、感じられないものが感じられ、味わえないものが味わえ、匂わないものが匂うようになるはずである。

五感をもっとよく働かせるよい方法は、とりあえず視覚を遮《さえぎ》ってみること。

はじめてバードウオッチングに行った人が双眼鏡で必死に鳥を探し、見つけられないでがっかりしていると、ベテランがこう教えてくれたそうだ。

「耳を澄ませてごらんよ。ホラ、まわりにいっぱいいるじゃないか」

とたんに幾種類もの鳥のさえずりが耳に飛び込んできたという。

見えない世界も豊饒《ほうじょう》な世界なのである。

生き方上手になるために

もっと五感を働かせる

Pleasures of Life

47

生き方上手は、

意識的に愉しいほうに
発想を転換する

生き方下手は、

無意識のうちに悪いほうへ
悪いほうへと考えてしまう

人間、誰でもつらいことは避けたいし、イヤなことはやりたくない。できることなら一生を、愉しく面白く過ごしたいものだ。

昔から「楽あれば苦あり」とか、「禍福《かふく》はあざなえる縄の如し」といわれる。後者は、人生は禍《わざわい》と幸せが縄のようにより合わされてできているものだ、というたとえである。どちらにしても、愉しみがあれば苦しみがある、それが人生だというのだ。

たしかにその通りかもしれない。だが、できるなら一生を愉しみだけで過ごしたい。苦しいことや禍はご免被《めんこうむ》りたい。それが私たちの本音だろう。

では、一生を愉しみながら生きるにはどうしたらよいのか。実は、これは考え方次第なのである。ちょっと考え方を変えるだけで、人生は愉しく過ごすことができる。

ユダヤの諺にすさまじいものがある。足を折っても、片足でよかったと思い、両足を折っても、首ではなくてよかったと思う。首を折れば、もう何も心配することはない――。

なんとも強烈なプラス発想だが、もし実際にこんなことに直面したら、ふつうの人はまず悲嘆に暮れ、首ではなくてよかったなどとはとても思えないだろう。

プラス発想は、日頃から意識してそう考えるクセをつけておくことが大切なのだ。というのも、人間、何かトラブルがあったとき、無意識のうちに悪いほうへ悪いほうへと考えてしまうのが常だからだ。したがってプラス発想は、意識的にそう考える習慣を持つ必要がある。

誰もが思いつく平凡な考え方では人生は愉しくない。現実にはつらいことやイヤなことが多いからだ。では、どうすれば愉しいプラス発想ができるか。それにはふだんから、発想の転換をするクセをつけておくこと。要は、いかに頭をやわらかくしておくかだ。

小学校へ通いはじめたばかりの子供が、母親からこういわれた。

「花子ちゃん、もう学校へ行くようになったからわかるでしょう。チャイムが鳴ったら授業がはじまり、次にチャイムが鳴ったら授業の終わりよ。遅れちゃダメですよ」

すると子供が反発していわく、

「お母さん、違うよ。チャイムが鳴ったら遊び時間がはじまり、次にチャイムが

鳴ったら、遊び時間が終わりなのよ」

子供の立場からすれば、つまらない授業より、友達とワイワイ楽しめる遊び時間のほうが充実している。

母親の立場では、学校は勉強に行くところかもしれないが、子供にとってはなんといってもまだ遊び時間が楽しい。立場が違えば、同じチャイムでもまったく違って聞こえるのだ。ときには、そんな子供の立場になって、発想を変えることが人生を愉しむコツなのである。本書でぜひ、そんな習慣をつけてもらいたいものである。

生き方上手になるために

発想を変えるクセをつける

Pleasures of Life

48

生き方上手は、

ときどきサボって
エネルギーを充電する

生き方下手は、

ずっとサボらず働いて
エネルギーが枯渇している

二宮金次郎（尊徳）といえば勤勉と忍耐の人で、怠けとかサボリとは縁がないようだ。だが、生涯に一度だけ「もうイヤだ」と三カ月も仕事をほっぽり出してしまったことがある。

このとき、金次郎は小田原藩主、大久保《おおくぼ》忠真《ただざね》公の依頼で、野州《やしゅう》（下野国《しもつけのくに》）桜町（現・栃木県真岡《もおか》市）で村の復興プロジェクトの総指揮をしていた。契約期間は十年。もう六年目に入っていた。

この村は札付きの悪党の多いところで、それまで何人もの指揮官が復興を手がけたが、みんな失敗していた。金次郎は殿様のお声がかりとはいえ、農民の出である。もし成功でもしたら、いままでの指揮官は何をしていたといわれる。それでは武士の面目が立たない。というわけで、足を引っ張る人間が多かった。

金次郎のやり方というのは、いわば性善説に立ったもので、働く者には家を与え、食料を与え、金を貸し与えるという至れり尽くせりの策だったが、そこに反対勢力のチャチャが入るから、うまくいきそうになると反乱が起きたりして遅々として進まなかった。

金次郎は迷いに迷って、性善説を引っ込めて厳しいやり方をはじめた。そうしたら、とたんに誹謗中傷《ひぼうちゅうしょう》の渦となり、大久保公から江戸藩邸に呼び出された。

名君だった大久保公はすぐに事情を察し、「がんばってくれよ」ということになったが、治まらないのは金次郎のほうで、「そんなによってたかって俺の足を引っ張るなら、もうやめた」と行方不明になってしまったのである。

人間の価値は不在のときにわかる。金次郎がいなくなってはじめて、彼がいかに村のために誠意をもって仕事をしていたか改めて知り、みんなが彼の帰りを待ちわびるようになった。

気を取り直しておよそ三カ月後に帰還した金次郎のほうも、長期休暇でリフレッシュしていたから元気百倍。みんなが一生懸命になったおかげで、約束の十年目に見事に村は復興したのである。

昔、ウイスキーのテレビCMで、奥さんが亭主と夜遅く一杯やりながら「(明日)会社休んじゃえば」とそそのかすのがあった。ときには理由なんかなくてもいいから会社へ行かないで休みをとり、三日続けて家でゴロゴロしているなど、言語道断のサボリをやってみるのもよいのではないか。

長年同じテンポで生きてくると、そのリズムがもたらす疲労のオリのようなも

のがたまってくる。これは正常なリズム内での休息ではとれない疲労感である。

毎日掃除をしても、手が届かずにたまっていくゴミのようなものだ。それを取り去るにはリズムを崩すしかない。

勤勉な人ほど、思い切って周囲が目を剝《む》くようなデタラメをしてみるといい。きっと思いがけない新鮮なエネルギーが充電できるはずだ。

生き方上手になるために

ときには理由なく仕事を休む

Pleasures of Life

49

生き方上手は、

退屈な時間をあえてつくって
心のクリーニングをする

生き方下手は、

退屈な時間を恐れて
スケジュールを詰め込む

現代人の一つの特徴は退屈を恐れることである。

退屈することを嫌って仕事に遊びに精を出す。有能な人間ほどスキ間のないスケジュールを持っていて、それを充実した人生だと思い込んでいる。

「仕事ばかりじゃない。ほら、ちゃんと遊びもこれだけやっている」

これは間違いではないか。なぜなら、仕事と遊びは結局、同じことだからだ。仕事と遊びに塗り込められるのは、退屈の対極にあることをひたすらやり続けていることにほかならない。色でいえば一色でしかないのである。

何もすることがないのは退屈である。**退屈がなぜ大切かというと、人間がものを考えはじめるのは退屈したときだからだ。**退屈する時間がないということは、ものを考える時間がないことなのである。

いまの子供が本を読まなくなったのは、勉強に習い事にゲームに忙しく、退屈しているヒマがないからだ。読書というのは最高の退屈しのぎなのだが、子供たちはいっこうに退屈しないので本など読む気にならないのだ。

大人も似たり寄ったり。退屈を恐れてどんどん仕事を入れる。仕事がないと遊びを考える。そうやって何十年も過ごしてしまうから、定年になって本物の退屈と直面するとパニックを起こしてしまうのだ。

ある地方都市の田舎に変わった旅館があった。そこへ行くと手帳も筆記具も取り上げられる。仕事の電話をいっさいしないことを誓わせられる。部屋にはテレビもラジオも、もちろんパソコンもない。旅館の周囲にも何もない。食事をして付近を散歩して、あとは仲間と話をするか寝るしかない。

その旅館に、企業が社員をわざわざ送り込んでくるそうだ。心のクリーニングが目的であることはいうまでもない。そうでもしなければ、ビジネス戦士は働いてしまう。さもなければセカセカと遊んでしまうのである。

それでは心のバランスがとれない。ストレスは解消されない。そして知らず知らずに心身がむしばまれていく。

こういう観点からすると、スマートフォンの普及は怖い現象といわなければならない。あんなものを持っていたら退屈のしようがないからだ。おまけに朝から晩までパソコンと面と向かっていたのではなおさらだ。

現代において飢えるのがむずかしいように、退屈を味わうのもますますむずかしい時代になった。

だが、ときに飢えてみることが食べ物の大切さを知るよい機会であると同様、退屈を味わうことは仕事や遊びのありがたさを知るよい機会なのである。

生き方上手になるために

たまには「退屈」を味わう

Pleasures of Life

50

生き方上手は、

人生のそのときどきのプロセスを愉しむ

生き方下手は、

人生のゴールを意識しすぎてプロセスを愉しめない

生き方論では「人生の最終章が大事だ」と一般に考えられている。

小さいときから秀才で、親からもかわいがられ、優秀な成績で学校を卒業して、社会的に認められる職業につく。出世し、それなりのポジションにつく。そのまま順風満帆にいけば申し分ないが、最後の最後でつまずいたら、その挫折感や失望感を抱いたままあの世へ旅立たねばならない。「それじゃ人生台無しじゃないか」といった考え方である。本当にそうなのだろうか。

たしかに終わりは始めよりも大切だが、それよりもっと大事なのはプロセスではないだろうか。

どんな境遇、状況に置かれようと、毎日を愉快に生きられれば、最後がどうあれ一定の納得ができるはず。大きな失望感や挫折感を抱かずにすむのではないか。最後にこだわってプロセスを愉しめない人間は、不幸であるとさえ思う。

こういう笑い話がある。

厳格なキリスト教徒の男が、聖書から一歩もはずれることなく人生を過ごしてきた。なぜそうしたかといえば、死んだら是が非でも天国へ行きたかったからだ。あるとき、ぬかるみで転んで泥だらけになり、カッとして思わず神を呪う言葉を吐いた。そんな言葉はもちろん生まれてはじめて口にしたのだが、運悪く男はその場で心臓発作を起こして死んでしまった。これで天国行きはパアになったというのである。

「007」の生みの親イアン・フレミングと一緒に仕事をしたこともある有名な元スパイが、極貧の中で死んだ。九十歳の高齢だった。粗末な部屋の遺品を調べてみると、なんと邦貨にして一億円を超す預金通帳が出てきたという。たぶん世の中の裏側ばかり見過ぎたせいで、お金以外に頼りになるものはないと信じていたのだろう。

日本には「先憂後楽」という言葉もある。先のことを考えて「いまは我慢する」ということがときにはあってもいい。いや、なくてはならない。だが、それが行き過ぎると、いったい何のための人生かわからなくなる。人生、そのときどきのプロセスを愉しむ姿勢はいつも持っているべきだろう。

人生のプロセスといっても、大げさに考える必要はない。どれもささいなことばかりだ。「お昼、何を食べる?」「今日は何を着ていこうか」。人生のプロセスとは、こういうことの積み重ねである。

だが、それが大切なのだ。大望を抱き目的に邁進《まいしん》するのもけっこうだが、ささいな事柄を愉しめる体質をつくっておかないと、リラックスできないまま人生の幕が下りてしまうかもしれない。

私自身、毎朝「今日は何を着るか」「何を食べるか」を考えるのが大きな愉しみなのである。こういう種類の愉しみをたくさん持っていることが、人生を豊かにするコツではないか。

最後も大切だが、それがいつ来るかは誰にもわからないのだから。

生き方上手になるために

ささいなことを愉しむ

本書は、二〇一五年二月にPHP研究所より発刊された『「いい加減」なのに毎日トクしている人「いい人」なのに毎日ソンしている人』を、加筆・修正したものである。

著者紹介
川北義則（かわきた　よしのり）
1935年、大阪生まれ。慶應義塾大学経済学部卒業後、東京スポーツ新聞社に入社。文化部長、出版部長を歴任後、1977年に日本クリエート社を設立。出版プロデューサーとして活躍するとともに、生活経済評論家として新聞、雑誌などさまざまなメディアに執筆し、著書は100冊を超える。ベストセラーとなった『男の品格』（PHP研究所）のほか、近著に『アランの幸福論』（ロングセラーズ）がある。

ＰＨＰ文庫　「いい加減」なのに毎日トクしている人
「いい人」なのに毎日ソンしている人

2020年7月16日　第1版第1刷

著者	川北義則
発行者	後藤淳一
発行所	株式会社ＰＨＰ研究所
東京本部	〒135-8137 江東区豊洲5-6-52
	PHP文庫出版部 ☎03-3520-9617（編集）
	普及部 ☎03-3520-9630（販売）
京都本部	〒601-8411 京都市南区西九条北ノ内町11
PHP INTERFACE	https://www.php.co.jp/
組版	有限会社エヴリ・シンク
印刷所 製本所	図書印刷株式会社

ISBN978-4-569-90016-2

PHP文庫

人を惹《ひ》きつける
大人のものの言い方・話し方

川北義則 著

人と人の距離は言葉ひとつで変化する。相手を不快にさせることなく距離を縮め、強固な関係を築く大人のコミュニケーションの極意を語る。

PHP文庫

男の品格

気高く、そして潔く

川北義則 著

仕事は男の中身をつくり、遊びは男の行間を広くする——。「いい男」になるための仕事、家庭、恋愛、趣味、美学についての考え方とは。

PHP文庫

50歳からの男の磨き方

人生後半にすべきこと、しなくてよいこと

川北義則 著

50代から「新天地」や「第二の人生」で羽ばたくことができる人とできない人の差は何なのか？　10年後、後悔しないための生き方。

PHP文庫

40歳から伸びる人、40歳で止まる人

川北義則 著

男の人生、「本当の勝負」は40歳からだ！
仕事、家庭、趣味、友人、夢……。人生を
〝最高の舞台〟に仕上げるために、今すべ
きこと。

PHP文庫

老いる勇気

これからの人生をどう生きるか

岸見一郎 著

「人生はマラソンではなくダンスである」「生産性で人の価値は決まらない」など、ベストセラー『嫌われる勇気』の著者が「老い」を語る！

PHP文庫

おとなの雑談力

梶原しげる 著

初対面の人・近所の人・仕事先の人とも、盛り上がれる！　アナウンサーで心理学も修めた著者が教える、大人のための雑談テクニック。

PHP文庫

人たらしの流儀

佐藤　優　著

情報収集と分析、交渉のかけひき、人脈を広げるコツまで、外交の最前線で培われた「相手を意のままに動かす」究極の対人術を一挙公開！